W0328147

Thomas Reichart

Der Wahnsinn und die Bombe

THOMAS REICHART

DER WAHNSINN UND DIE BOMBE

WIE NORDKOREA UND DIE GROSSMÄCHTE UNSERE SICHERHEIT VERSPIELEN

ECON

FSC
www.fsc.org
MIX
Papier aus verantwortungsvollen Quellen
FSC® C083411

Econ ist ein Verlag
der Ullstein Buchverlage GmbH

ISBN 978-3-430-20262-6

Gesetzt aus der Scala OT und Gobold
Satz: LVD GmbH, Berlin
Druck und Bindearbeiten: CPI books GmbH, Leck
Printed in Germany

INHALT

Vorwort **7**

1 Das Machtzentrum **13**

2 Wer ist Kim Jong-un, und was will er? **35**

3 Die Bomben des Diktators **55**

4 In Nordkorea – Ein Blick hinter die Kulissen **80**

5 Koreas Teilung und die Rolle Südkoreas **109**

6 Sanktionen und wie Nordkorea sie umgeht **131**

7 Der Trump-Faktor: Die USA und Nordkorea **159**

8 So eng wie Zähne und Lippen? China und Nordkorea **181**

9 Was droht, was müsste passieren? Deutschland und die Suche nach einem ehrlichen Makler – ein Nachwort **207**

Literaturverzeichnis **215**

VORWORT

Nordkoreas Diktator Kim Jong-un lässt Interkontinentalraketen und Atombomben testen. US-Präsident Donald Trump droht in einer Rede vor den Vereinten Nationen im Sommer 2017, die USA würden Nordkorea »völlig zerstören«, wenn Pjöngjang im Atomstreit nicht nachgebe, während Kim Jong-un ankündigt, er werde Trump »mit Feuer zähmen«. Unaufhaltsam verschärft sich der Konflikt, und die Welt sieht sich mit einem Mal nur wenige Schritte entfernt vom Abgrund einer nuklearen Katastrophe. Ein Schreckensszenario, das wir mit dem Ende des Kalten Kriegs eigentlich für überwunden hielten. Doch die reale Gefahr macht Nordkorea zum derzeit gefährlichsten Krisenherd der Welt. Schon jetzt sind wir mittendrin in einem neuen kalten Krieg, der die internationale Ordnung und das Verhältnis der Großmächte, besonders das Verhältnis der USA und Chinas, auf Jahre prägen wird.

Umso brisanter ist es, wie wenig wir über diesen Konflikt wissen, wie sehr Politik, Medien und die Öffentlichkeit ihn unterschätzt und vernachlässigt haben. Nordkorea war für uns ein weit entferntes Land mit verrückten Diktatoren und einer Bevölkerung, die sich offenbar nur im Stechschritt fortbewegt. In Deutschland haben wir Schreckensnachrichten gehört über Hungerkatastrophen, einen Brudermord, brutale Gefangenenlager und nukleare Allmachtsphantasien. Aber das kam uns oft so bizarr vor, so jenseits von dieser Welt. Letztlich war es leicht zu glauben, dass Nordkorea uns nicht betrifft.

Erst jetzt, da Kims Raketen Kontinente überwinden und New York, Frankfurt und Berlin erreichen können, schwant uns, dass das ein gefährlicher Fehler war. Und dass wir früher ein paar naheliegende Fragen hätten stellen müssen: Was passiert, wenn das Land in spätestens einem oder zwei Jahren so weit ist, Langstreckenraketen mit Atomsprengköpfen abzufeuern, wie Experten fürchten? Bedroht Nordkoreas Atomprogramm auch uns in Deutschland und Europa? Warum konnte niemand Kim bislang Einhalt gebieten? Gibt es etwas, das man jetzt noch tun kann, um die Lage zu entspannen?

Ich erinnere mich noch lebhaft, wie mir schauderte, als ich in Pjöngjang auf dem Kim-Il-sung-Platz stand und bei einer Militärparade plötzlich der Boden unter mir zu vibrieren anfing. Unter dem Jubel Zehntausender ließ Nordkorea im Herbst 2015 auf schweren Lastwagen seine Raketen auffahren. Keine drei Meter entfernt rollten sie an mir vorbei. Das war der Moment, in dem mir dämmerte, dass die Vorstellung falsch war, Nordkorea sei ein Operettenstaat und seine Raketen seien bloße Attrappen. Natürlich war ich kein Raketenexperte, wusste damals noch wenig über die Reichweite einer Hwasong-12 oder darüber, wie weit Nordkorea beim Bau einer Interkontinentalrakete schon war. Aber die Erschütterungen, die die Raketenlaster auf dem Kim-Il-sung-Platz auslösten, erschienen mir mit einem Mal wie eine böse Vorahnung auf das Zerstörungspotential, das von diesen Raketen bald schon ausgehen würde.

Es gibt in Deutschland immer noch den einen oder anderen Experten, der bezweifelt, dass Nordkorea tatsächlich eine so große Gefahr darstellt. Das Land, so lautet eines der Argumente, sei so verarmt und rückständig, dass es überhaupt nicht über die Mittel verfüge, ein aufwendiges Raketen- und Atomprogramm zu finanzieren. Entwicklung, Erprobung und Unterhalt eines ganzen Arsenals von Kurzstrecken- bis hin zu Interkontinentalraketen würden Nordkorea auch technologisch schlicht überfordern.

Die Skepsis gegenüber den Bedrohungsszenarien, die insbesondere aus Washington von US-Präsident Donald Trump und seiner Administration kommen, ist nachvollziehbar und berechtigt. Vielen ist noch in Erinnerung, wie George W. Bush nach den Terroranschlägen vom 11. September 2001 angebliche Beweise anführen ließ, die ein Atomprogramm des Irak belegen sollten. Dass Saddam Hussein kurz davorstünde in den Besitz von Atomwaffen zu kommen, war für die USA damals die wesentliche Begründung dafür, in einen desaströsen Krieg zu ziehen.

Mit meinen Kollegen Jörg Brase und Johannes Hano bin ich damals für das ZDF-Magazin Frontal 21 der Spur dieser angeblichen Beweise nachgegangen. Es ging dabei insbesondere um den Vorwurf, der Irak habe versucht, im afrikanischen Niger sogenannten Yellowcake zu kaufen. Aus Yellowcake kann in einem komplizierten Verfahren mit Gaszentrifugen waffenfähiges Uran gewonnen werden. Wir reisten in den Niger, führten die ersten TV-Interviews mit zentralen Zeugen und trafen an einem regnerischen Herbsttag 2003 den damaligen Präsidenten Nigers, der gerade auf Deutschlandbesuch war. In der Suite seines Berliner Hotels zeigte ich ihm das zentrale Beweisstück, das den Uran-Deal belegen sollte und angeblich seine Unterschrift trug. Aber es war nicht die Unterschrift des Präsidenten, und auch die anderen angeblichen

Belege für das Atomwaffenprogramm des Irak erwiesen sich als plumpe Fälschungen.

In Washington hatten viele Experten in den Geheimdiensten und im Außenministerium das auch schon früh erkannt, fanden aber bei den Kriegstreibern um Präsident Bush kein Gehör. Tatsächlich entdeckten weder die UN-Waffeninspektoren vor Kriegsbeginn noch amerikanische Suchtrupps nach der Invasion Belege dafür, dass der Irak kurz davorstand, eine Atombombe zu entwickeln. Saddam Hussein war ein grausamer und skrupelloser Diktator, aber von seinem Land ging keine nukleare Bedrohung aus.

Bei Nordkorea indes haben die Belege dafür, dass das Land kurz davorsteht, die gefährlichsten Waffen der Welt in Händen zu halten, eine völlig andere Qualität. Die Erschütterungen nordkoreanischer Atomtests werden auf der ganzen Welt gemessen, die Flugbahnen seiner Raketen genauestens ausgewertet. Inspektoren der Internationalen Atomenergie-Organisation und andere Nuklearexperten konnten immer wieder Nordkoreas Atomanlagen in Yongbyon in Augenschein nehmen. Wir kommen deshalb nicht darum herum, Nordkorea und seinen Diktator Kim Jong-un endlich ernst zu nehmen. Dieses Regime ist die größte Bedrohung für den Weltfrieden seit Jahrzehnten.

Nordkorea ist ein abgeschottetes Land, das sich Beobachtern immer seltener öffnet. Mein Team und ich waren in den letzten drei Jahren drei Mal in Nordkorea. Ich konnte dabei Gespräche und Interviews führen, die tiefe Einblicke in die Machtstrukturen und das Innenleben dieses Landes geben. Dieser Konflikt aber reicht weit über Nordkorea hinaus und begegnet mir in Ostasien an vielen Orten, an die ich komme: in einer Hotelsuite in Seoul, in der ich Pjöngjangs höchstrangigen Überläufer traf, an der strengbewachten Grenze zu Südkorea, auf einem US-Militärstützpunkt auf der japanischen Insel Okinawa, auf dem sich Marines auf einen sogenannten Enthauptungsschlag vorbereiten, und an der Grenze zwischen China und Nordkorea, Pjöngjangs Lebensader, über die der allergrößte Teil von Nordkoreas Außenhandel abgewickelt wird.

An den Frontlinien dieses neuen kalten Kriegs wird deutlich, warum Nordkorea letztlich auch ein globaler Konflikt ist. In keiner anderen Region dieser Welt stehen sich auf so engem Raum so viele gefährliche Waffen, so viele miteinander konkurrierende Großmächte gegenüber. Für die geht es in diesem Konflikt natürlich um die Atommacht Nordkorea, aber eben auch um die Vorherrschaft in einem der wichtigsten Wirtschaftsräume der Welt.

Im Moment mag es so scheinen, als seien die Spannungen kaum noch zu steigern. Oder wird dem Krieg der Worte zwischen Donald Trump und Kim Jong-un bald ein Krieg der Taten folgen? Wir sind inzwischen an einem Punkt, an dem man auch das nicht ausschließen kann. Wahrscheinlicher aber ist, dass die eigentliche Bewährungsprobe erst noch kommt. Dann nämlich, wenn Kim Jong-un über nukleare Interkontinentalraketen verfügt, mit denen er die USA, aber auch Europa erpressen kann.

Dieses Buch soll dringend nötige Erklärungen liefern: über Nordkorea, über seinen Diktator und darüber, was er eigentlich erreichen will, über seine Waffen und das Ringen der Großmächte um Einfluss in der Region. Es soll greifbar machen, wo sich dieser Konflikt entfaltet, wer darin welche Rolle spielt und worauf wir uns gefasst machen müssen, wenn Kim Jong-un zu Verhandlungen bereit sein wird.

Dabei soll auch deutlich werden, dass die Gefahr für unsere Sicherheit nicht allein von Nordkorea ausgeht. Es gab Anfang der Neunziger- und Anfang der Zweitausenderjahre schon einmal sogenannte Nordkoreakrisen. Dass keine von ihnen so brisant und gefährlich war wie diese, liegt auch an Donald Trump. Die Art, wie er mit dem Konflikt umgeht, seine Provokationen und Drohungen sowie der Verzicht auf jede Art von Gesprächsangeboten haben die Krise in einem bislang noch nicht gekannten Maße verschärft. China wirkt im Gegensatz dazu fast wie ein verlässlicher Ruhepol, der sich für Entspannung und eine friedliche Lösung einsetzt. Tatsächlich aber hat Peking Nordkorea über Jahrzehnte mit aufgerüstet. Chinas Machthaber haben auch zugelassen, dass Kims Regime Sanktionen umgehen und sich die dringend benötigten Ressourcen und Devisen für sein Atom- und Raketenprogramm im Ausland besorgen konnte. Beide Großmächte sind damit mitverantwortlich, dass ein Atomkrieg zu einer realen Gefahr geworden ist.

Der Wahnsinn und die Bombe beruht auf langjährigen Reisen und Recherchen an den Frontlinien des Nordkoreakonflikts, auf Dutzenden Interviews und Gesprächen mit Überläufern, Politikern, Diplomaten, Militärs, ehemaligen Geheimdienstmitarbeitern, Wissenschaftlern und Menschen, deren Leben durch diese Auseinandersetzung geprägt und gelenkt ist. Außerdem werte ich Geheimdienstberichte, Statistiken und Studien zu Nordkorea und der asiatischen Region aus. Der besseren Lesbarkeit wegen habe ich auf detaillierte Fußnoten verzichtet. Die Veröffentlichungen von Nordkorea-Experten, auf die sich das vorliegende Buch stützt, habe ich im Anhang aufgelistet.

KAPITEL 1:

DAS MACHTZENTRUM

Im hektischen Autostrom von Südkoreas Hauptstadt Seoul, in den schrillen Werbeanzeigen auf den riesigen Videowänden und im Archipel von neonbeleuchteten Läden und Kantinen wirkt das Dongdaemun-Tor wie Strandgut aus einer vergangenen Zeit. Wenn nachts die zweistöckigen Balustraden und ausladenden Giebel des Tors angestrahlt werden, kann man sich schon eher vorstellen, dass das einmal das Osttor der von hohen Mauern geschützten Hauptstadt des koreanischen Königreichs Joseon war. Ein Reich, das die gesamte koreanische Halbinsel einschloss und über fünfhundert Jahre bis zum Beginn des 20. Jahrhunderts dauerte.

Ich bin aufgeregt an diesem Abend, als ich von meinem Hotelzimmer auf das Tor und die Lichter Seouls blicke. Irgendwo in dieser Millionenmetropole versteckt sich der Mann, der seit Monaten auf der Flucht vor Kim Jong-un ist und den ich am nächsten Morgen zu einem konspirativen Interview treffen soll. Die Tage zuvor habe ich immer wieder mit seinen Sicherheitsleuten vom südkoreanischen Geheimdienst telefoniert. Es ging darum, wo das Interview stattfinden kann und ob seine Leibwächter den Ort vorher prüfen können. Fragen, die Alltag sind für Thae Yong-ho, Nordkoreas höchstrangigen Überläufer.

Thae war Teil von Nordkoreas innerstem Machtzentrum. Seine Familie gehörte zur Elite des Landes. Bevor er als Vizebotschafter nach London ging, leitete er die Europaabteilung im Außenministerium. Thae war einer jener intelligenten, sprachgewandten Spitzenkader, auf die sich Diktator Kim Jong-un stützt und die man bei Besuchen in Nordkorea immer wieder trifft.

Das Hotel am Dongdaemun-Tor hat Thaes Sicherheitsleuten nicht wegen der historischen Erinnerungen an großkoreanische Zeiten gefallen, sondern weil es über eine Tiefgarage verfügt, in die sie mit Thae unbemerkt hineinfahren können. Und über einen Lift, der sie direkt in eine Suite in den zehnten Stock bringt. Am nächsten Morgen klopfen eine halbe Stunde vor dem Interview zwei seiner breitschultrigen Leibwächter an der Hoteltür. Sie schauen hinter Vorhänge und Türen, in jeden Schrank und unter die Betten, um sicherzugehen, dass sich niemand sonst hier versteckt. Es scheint, als erwarteten sie hinter jeder Ecke eine böse Überraschung.

Als Thae dann mit vier weiteren Begleitern hereinkommt, wirkt er angespannt. Ein kleiner Mann mit schwarzgescheiteltem Haar und einem wachen, prüfenden Blick hinter der Brille. Wie ihm, seinen beiden Söhnen und seiner Frau die Flucht gelang, darüber will er nur wenig sagen. »Es ist zu gefährlich für alle, die dabei mitgeholfen haben«, sagt er. Selbst er, der zweite Mann in der Botschaft Nordkoreas, konnte sich in London kaum frei bewegen. Auch er musste immer von einem Kollegen begleitet werden, damit einer den anderen kontrollieren und überwachen konnte. »Aber es gab Momente«, erzählt Thae, »in denen ich zumindest für ein paar Minuten oder eine halbe Stunde allein sein konnte.« Bei einem Besuch im Krankenhaus, beim Einkaufen. In diesen Momenten hat er die Flucht geplant mit Helfern, die er nicht nennen will und die ihn und seine Familie am Ende nach Seoul gebracht haben, nur gut fünfzig Kilometer entfernt von der Grenze zu Nordkorea. Seit Monaten versteckt Thae sich nun hier, ein Koreaner unter rund fünfundzwanzig Millionen anderen Koreanern, die in Seoul und den angrenzenden Satellitenstädten wohnen. Eigentlich ein gutes Versteck, wenn es nur nicht so nah am Reich von Kim Jong-un läge.

Es ist das erste Interview, das Thae einem deutschsprachigen Medium gibt. Wir stecken ihm ein kleines Mikrofon an das Revers seines Jacketts und ziehen die schweren Vorhänge zu, damit die Scheinwerfer ihn besser ausleuchten können. So machen wir das oft bei Interviews, aber bisher war mir nicht aufgefallen, was für eine merkwürdige Szenerie sich dadurch ergibt. In der Mitte des Raums ist eine gleißende Lichtinsel. Da sitzt Thae und kneift die Augen zusammen, weil er anfangs stark geblendet wird. Um ihn herum aber ist alles so dunkel, dass seine Leibwächter aussehen wie Scherenschnitte. Die Suite scheint keine Wände mehr zu haben. Wir könnten jetzt irgendwo sitzen, vielleicht sogar in Thaes altem Büro im Außenministerium in Pjöngjang oder in der Botschaft Nordkoreas in London. Oder an einem jener Orte, an denen Kim Jong-un seine Drohungen und Provokationen plant, seine Politik, die so sehr nach der eines Verrückten aussehen mag. Und die in Wahrheit so wenig damit zu tun hat, weil sie eiskalt geplant ist. Thae weiß davon zu berichten.

»Als Kim Jong-un an die Macht kam«, beginnt Thae, »war nicht nur ich hoffnungsvoll, sondern auch die meisten in der Führung. Weil er lange in der Schweiz studiert hatte, dachten wir, er sei der Richtige, um die nordkoreanische Gesellschaft zu reformieren und zu modernisieren.« Aber bald sei ihm klar gewesen, sagt Thae, dass Kim nicht für Veränderungen stehe, sondern die Politik seines Vaters und Großvaters fortsetze, Nordkorea zur Atommacht machen zu wollen. Dass er das sogar noch weiter treibt mit dem wahnwitzigen Ziel, in ganz kurzer Zeit Interkontinentalraketen zu entwickeln. Ich überlege einen Moment, ob Kim nicht auch hätte beides anstreben können: Atomraketen und Reformen. Er hat den Nordkoreanern immer wieder versprochen, ihre Lebensumstände zu verbessern. Und seine sogenannte Byungjin-Politik sieht beides vor, den wirtschaftlichen Aufbau des Landes und die nukleare Bewaffnung. Aber politisch umgesetzt hat er vor allem Letzteres, von einer wirtschaftlichen oder gar gesellschaftlichen Modernisierung ist wenig zu sehen. Tatsächlich fallen mir auch sonst kaum Beispiele ein, in denen ein Land sich bis an die Zähne bewaffnet und gleichzeitig wirtschaftlich und gesellschaftlich geöffnet hätte. Offenbar schließen Atomraketen und die Modernisierung einer Gesellschaft sich gegenseitig aus. Thae scheint das sehr aufgebracht zu haben. »Ich war verzweifelt wegen dieser Entscheidung Kims, und ich beschloss, alles zu versuchen, um mein Land vor einer atomaren Katastrophe zu bewahren.« Das war im Rückblick der erste Schritt hin zu seinem folgenschweren Entschluss. Aber es braucht viel, sich gegen Kim Jong-un und das Regime zu stellen – viel Mut und viel Verzweiflung. Dass Kim entschied, die Ressourcen eines verarmten und rückständigen Landes zuallererst in ein Programm für Massenvernichtungswaffen zu stecken, reichte allein vielleicht noch nicht dafür, dass Thae den offenen Bruch wagte. Dazu musste noch etwas anderes passieren. Etwas, das ihn persönlich traf.

Nordkoreas Propaganda vermittelt immer den Eindruck, als würde das Land allein von seinem »obersten Führer«, von Kim Jong-un, gelenkt. Wenn er in Pjöngjang eine neue Straße oder ein Wissenschaftszentrum eröffnet, wenn er im Kommandostand das Artilleriefeuer der Kanonen bei einem Manöver begutachtet – immer soll es so aussehen, als habe Kim das alles alleine geplant, gebaut oder abgefeuert. Aber natürlich ist das nicht so. Natürlich stützt sich auch eine totalitäre Diktatur wie Nordkorea, die einen quasi-religiösen Kult der Kim-Dynastie praktiziert, auf ein Heer von hohen Beamten, Diplomaten, Militärs und Wissenschaftlern. Dieses Machtzentrum ist das Getriebe des Staats, das ihn am Laufen hält, das Entscheidungen trifft, Einblick in Pläne und Strategien hat und viel mehr als alle anderen auch über die Probleme und Schwierigkeiten im Land informiert ist. Deshalb war ich auch so aufgeregt am Abend vor diesem Interview. Das Treffen mit Thae würde mir einen seltenen Einblick geben in dieses Getriebe, in eine Welt, die sonst hermetisch verschlossen ist.

Thae ist der höchstrangige, aber nicht der einzige Überläufer aus Nordkorea. Es gibt inzwischen sehr viele, und die meisten leben in Seoul, wo sie die Sprache sprechen und nahe an der Grenze zu ihrer Heimat sind. Die Zahl der Überläufer ist nach südkoreanischen Angaben in den letzten Jahren deutlich gestiegen. Das kann ein Zeichen sein für eine sich verschärfende Krise im Machtzentrum in Pjöngjang, für eine schleichende Abkehr der Eliten von Kim Jong-un. Die Überläufer werden meist vom Geheimdienst Südkoreas ausführlich befragt in der Hoffnung, neue Erkenntnisse über Nordkorea zu bekommen. Thaes Aussagen lassen sich nicht in allem nachprüfen. Was man aber tun kann, ist, die Angaben mit dem zu vergleichen, was wir sonst über Nordkorea wissen, was andere Überläufer erzählt haben und was wir aus Studien und Statistiken wissen. Danach ist er ein authentischer, glaubwürdiger Zeuge. Mit Hilfe Thaes können wir uns den Hallen und Hinterzimmern annähern, in denen in Nordkorea die wichtigen Entscheidungen getroffen werden. Und wir können einen Blick auf das werfen, was das Regime lieber verheimlichen würde.

Nordkoreas Elite ist Nutznießer eines Systems, dem Familienzugehörigkeit und unbedingte Loyalität alles bedeuten. Viele gehören Familien an, die mit Staatsgründer Kim Il-sung, dem Großvater von Kim Jong-un, nach dem Zweiten Weltkrieg aus Russland nach Korea zurückgekehrt sind. Sie sind Teil jener Revolutionskader, die sich in den Machtkämpfen durchsetzen konnten und im September 1948 die Volksrepublik Korea gegründet haben. So ähnlich ist das auch bei Thae. Seine Frau ist verwandt mit O Jung-hup, der als Partisane im Zweiten Weltkrieg gegen die Japaner gekämpft hat – an der Seite von Kim Il-sung. O Jung-hup führte ein Regiment, das in der nordkoreanischen Propaganda als Musterbeispiel für die bedingungslose Hingabe an die Kim-Dynastie steht. Seit Generationen gilt die O-Familie deshalb auch als besonders einflussreich in Nordkorea.

»Ich hatte ein einfaches Leben und einen sehr privilegierten Status in Nordkorea, verglichen mit normalen Menschen«, erzählt Thae. Aber als hoher Diplomat hatte er eben auch Zugang zu Informationen von außen. Er hat gesehen, wie es um sein Land in Wahrheit steht. »Man kann nicht ehrlich sein in diesem System. Selbst wenn man alles weiß, muss man so tun, als sei man weiter loyal«, so Thae, »sonst wird man exekutiert.« Er sagt das, ohne zu zögern, als sei es eine Selbstverständlichkeit, die für jeden in Nordkorea evident ist. So wie

Donner auf Blitz folgt, so folgt auf Illoyalität die Exekution. Und zwar nicht nur für einen selbst. »Deine Kinder, deine Frau, die Verwandten der Familie werden alle bestraft«, sagt Thae. Deshalb ist die Entscheidung, sich gegen dieses Regime zu stellen, so schwierig. Man riskiert nicht nur das eigene Leben, sondern auch das von vielen anderen.

Thaes Entschluss überzulaufen muss in London gereift sein, wo er Vizebotschafter war. Sein Englisch ist glänzend und klingt neben einem leichten koreanischen Akzent nach dem weltläufigen Duktus von Oxford oder Cambridge. Man merkt, dass er sich wohl fühlt in dieser Sprache, in dem Lebensgefühl, in das er damit eintaucht. Thae hat Tennis gespielt im St. Colomba's Lawn Tennis Club ganz in der Nähe der Botschaft, die in einem typisch englischen Backsteinhaus in einem Vorort im Westen Londons untergebracht ist. Wenn er abends nach Hause kam, haben seine beiden Teenagersöhne ihm von ihren Erlebnissen in der englischen Schule erzählt. Und sie hatten Fragen, sehr viele Fragen. Warum gibt es in Nordkorea kein Internet für alle, wie in England? Warum gibt es hier Freiheit und dort keine? Warum werden Menschen in Nordkorea ohne einen fairen Prozess hingerichtet? »Ich musste ihnen erklären, warum unser System so anders ist«, sagt Thae.

Es muss ihm sehr schwergefallen sein, denn er wollte sie nicht anlügen. In der Botschaft war Thae dafür zuständig gewesen, die ideologische Linientreue der anderen Mitarbeiter zu überwachen. Er musste Untersuchungen der Vereinten Nationen oder Berichte in westlichen Medien über Folter, Zwangsarbeit, Exekutionen, Gefangenenlager in Nordkorea zu Lügenmärchen erklären. Musste die Überlegenheit der Kim-Diktatur preisen und die nukleare Aufrüstung des Landes verteidigen. Doch seinen Söhnen zumindest wollte er die Wahrheit sagen, ihnen wollte er nichts vormachen. Und wenn er das dennoch tat, kam schon die nächste Frage seiner Söhne. Wenn er so genau Bescheid wisse über die Ungerechtigkeiten in Nordkorea, wie könne er dann weiter loyal diesem System gegenüber sein, wie könne er ein Doppelleben führen? So ging es immer weiter. Und irgendwann hatte Thae keine Antworten mehr, oder er hatte nur noch die eine: »Das ist nur, um zu überleben!« Als er diesen Satz mit heiserer Stimme wie herausschreit, scheint es, als säße er nicht mit mir in diesem abgedunkelten Hotelzimmer, sondern wieder mit seinen Söhnen in der Botschaftswohnung in London. »Wenn ich aufhören würde, dieses Doppelleben zu führen«, fährt Thae fort, »dann würde die Regierung mich zurück in die Hauptstadt rufen. Und damit wäre es noch lange nicht getan.«

Darüber hinaus sei ihm klargeworden, dass sein Doppelleben auch die Zukunft seiner Söhne sei, dass das einmal auch ihr Leben sein werde. »Ich wollte nicht, dass meine Söhne auch in dieser Sklaverei leben müssen. Ich hatte das Gefühl, dass das mit meiner Generation enden, dass ich die Ketten brechen muss.« Aber für ihn ging es in dieser Situation noch um viel mehr. Er hat nicht nur zwei Söhne und eine Frau, mit denen er in London lebt. Er hat in Pjöngjang auch eine Schwester und einen Bruder. So ist das häufig, wenn Nordkoreaner das Land verlassen dürfen. Es bleibt ein Familienteil zurück wie ein Faustpfand in den Händen des Machthabers, wie eine ständige Drohung, loyal zu bleiben, weil sonst andere dafür bezahlen müssen. Was würde es für seine Geschwister in Nordkorea bedeuten, wenn er entschiede, sein Doppelleben aufzugeben? Welche Konsequenzen hätte es für seine Kollegen in der Botschaft oder im Außenministerium? Denn der Überwachungsstaat weiß, wie wichtig die Eliten sind, damit das Regime funktioniert, und er hat deshalb ein sehr genaues Auge auf sie. Der kleinste Verdacht, dass da jemand von der Linie abweichen könnte, muss umgehend berichtet werden. Und wenn es nicht passiert, wenn jemand tatsächlich überläuft, geraten unweigerlich auch jene in Verdacht, die mit ihm zusammengearbeitet haben. Haben sie weggeschaut, sind sie Komplizen? Thae weiß, dass das die Vorwürfe sind, gegen die sich seine Kollegen und Mitarbeiter würden verteidigen müssen. Er müsste es umgekehrt genauso machen. So verlangt es das Regime von ihm.

Am Ende aber trifft er eine Entscheidung. »Ich beschloss, dass nichts wichtiger ist als die Freiheit meiner Söhne.« Thae sagt das kühl und sachlich. Ich bin in diesem Moment überrascht, ja fast befremdet. Dass er überhaupt darüber spricht, ist, wie sich später herausstellen soll, nur eine Art Schutz. Der Konflikt zwischen der Schuld gegenüber den Verwandten in Pjöngjang und der Verantwortung gegenüber seinen Söhnen brodelt nach wie vor in ihm.

Solche Gewissensbisse haben vermutlich viele aus Nordkoreas Elite. Und es muss ein schwerer Schlag für das Regime gewesen sein, dass sich mit Thae ausgerechnet einer der einflussreichsten Diplomaten und ein Mann aus einer der angesehensten Familien gegen Pjöngjang gewendet hat. Einige entscheiden sich wie er und laufen über. Die meisten aber machen weiter und führen ein Doppelleben. Dafür gibt es offenbar zwei Gründe: erstens der drohende Verlust von Privilegien, zweitens die Terrorherrschaft Kim Jong-uns. So vermittelt einer Studie der amerikanischen RAND-Stiftung zufolge Nordkoreas Propaganda den Eliten, dass eine Abkehr oder ein Zusammenbruch des Regimes und eine Vereinigung mit Südkorea verheerende Folgen für sie haben und insbesondere den

Verlust von Macht, Einfluss, Reichtum und Prestige, verbunden mit dem Risiko für die eigene Sicherheit und von Strafverfolgung bedeuten würde.

Die Privilegien für Nordkoreas Elite sind tatsächlich atemberaubend verglichen mit dem Leben, das normale Bürger, insbesondere außerhalb der glänzenden Schaufensterhauptstadt Pjöngjang, führen. Es gibt Skigebiete in Nordkorea, eines gerade erst auf Anweisung von Kim Jong-un gebaut mit nagelneuen Sesselliften aus Österreich. Nordkorea hat sogar einige Beach Resorts und in Pjöngjang ein Viertel, das »Pjönghattan« genannt wird wegen der Läden mit Luxusartikeln aus dem Westen. Wenn ich am Terminal zwei des Pekinger Flughafens für einen Flug nach Pjöngjang einchecke, wundere ich mich immer darüber, was die nordkoreanischen Passagiere alles mitnehmen wollen. Sie sind in der Regel allesamt Mitglieder der Eliten, weil nur sie reisen dürfen. In der Schlange vor dem Schalter stehen mannshoch beladene Gepäckwagen mit riesigen Kartons. Den Aufschriften nach sind darin Flachbildschirme, Computer, Staubsauger oder Reiskocher enthalten. In den Duty-Free-Tüten sehe ich Cognac, Whisky und viel Rotwein.

Ein besonders privilegierter Teil hat offenbar sogar freien Zugang zum Internet. Eine Studie der amerikanischen Sicherheitsberatungsfirma Recorded Future kam kürzlich zu dem Ergebnis, dass eine winzige Schicht in Nordkorea Gmail nutzt, ein Facebook-Konto pflegt oder online bei Amazon und bei Chinas Internetwarenhaus Taobao einkauft. Recorded Future hat dazu Internetadressen ausgewertet, die von Nordkorea aus zwischen April und Juni 2017 aufgerufen worden waren. Auch der Livestream des European Song Contests in Kiew wurde von einer IP-Adresse in Nordkorea abgerufen. Hat etwa Kim Jong-un selbst dem Gewinner Salvador Sobral aus Portugal zugehört? Hallte da also »Amar pelos dois« – »Für uns beide lieben« – durch einen von Pjöngjangs Palästen? Oder war es eher ein hoher General oder Diplomat, der eine Schwäche für gefühlige Schlager und Liebesschmerz aus dem Westen hat?

Die andere Seite, die Kim Jong-un die Gefolgschaft der Eliten sichert, ist pure Angst. Thae berichtet von einer Schreckensherrschaft in Nordkorea. Hunderte hoher Beamter seien hingerichtet worden. Selbst der Sicherheits- und Überwachungsapparat sowie hohe Militärs seien von den Exekutionen betroffen, darunter auch der Generalstabschef und der Verteidigungsminister. »Niemand ist sicher vor ihm, weil Kim jeden verdächtigt, ihm gefährlich zu werden«, sagt Thae. »Die Menschen sind sehr unzufrieden mit dem System und der Gesellschaft, aber wegen des Terrors tun alle so, als seien sie weiter loyal.«

Für Thae wie für viele andere Überläufer ist klar: Die Eliten glauben nicht an dieses Regime, und sie glauben auch nicht an dessen Überlebensfähigkeit. Viele halten Kim Jong-un für einen schlechten Machthaber und sind überzeugt davon, dass die Kim-Dynastie nicht noch über viele weitere Generationen in Nordkorea herrschen werde. »Es ist ganz klar«, sagt Thae, »es gibt kein Gefühl der Solidarität zwischen der Elite und Kim Jong-un.«

Dennoch machen die meisten mit beim Atomwettlauf des Landes, bei den nuklearen Drohungen und bei der Forschung und Entwicklung der tödlichsten Waffen, indem sie Mittel für diese Programme in aller Welt beschaffen und nach Nordkorea schleusen. Sie sind willige Helfer des Diktators, sorgen so erst dafür, dass er seine Pläne umsetzen kann.

Für Kim Jong-un, so berichten es Thae und andere Überläufer, seien die konventionellen Streitkräfte des Militärs letztlich obsolet geworden. »In gewisser Weise ist das Militär immer noch sehr mächtig«, sagt Thae, »aber es ist für Kim Jong-un auch schwierig, diese riesige Militärmacht aufrechtzuerhalten.« Nordkorea hat eine Streitkraft von über eine Million Mann. Ihre ursprüngliche Aufgabe war es, Südkorea zu besiegen und so die nationale Einheit Koreas zu erreichen. Doch sie ist, so Thae, der modernen Kriegsmacht der amerikanischen und südkoreanischen Truppen unterlegen. Weil Kim Jong-un aber die Macht über das Militär erhalten und darüber hinaus den Eindruck erwecken möchte, einen Krieg gegen die USA und Südkorea doch gewinnen zu können, ist er verzweifelt darum bemüht, so schnell wie möglich Interkontinentalraketen und Atomwaffen zu entwickeln. Damit will er die Schwäche seiner übergroßen, aber veralteten Streitkräfte wettmachen, so Thae. Und es wird ihm, so absurd das vielleicht zunächst klingen mag, am Ende sogar helfen, Kosten zu sparen: Ein Atomraketenarsenal braucht letztlich weniger Mittel als das Riesenheer, das Nordkorea derzeit unterhält.

»Kim Jong-un sucht gerade nach einem Kompromiss mit der neuen amerikanischen Administration und der Weltgemeinschaft«, sagt Thae. Ich muss ihn in diesem Moment sehr verwundert angeschaut haben, denn alle Nachrichten aus Nordkorea sagen seit Monaten genau das Gegenteil. Kim Jong-un will nicht reden, die Fronten verhärten sich, die Sprache wird immer bedrohlicher. Aber Thae meint, wir sollen uns nicht täuschen lassen.

Kim Jong-un habe gegenüber den Top-Diplomaten eine Art Fahrplan ausgegeben. Dabei sei es um die Entwicklung von Nuklearwaffen gegangen und um das Ziel, als Atommacht weltweit anerkannt zu werden. Er habe sich die Machtlage in den anderen Ländern genau angeschaut und sie analysiert, um sein Atomprogramm möglichst effektiv und ungestört voranzubringen.

Thae glaubt, dass die Welt Kim Jong-un falsch versteht. Dass sie sich von Raketentests, wilden Drohungen und Beschimpfungen blenden lässt und zu wenig erkennt, welchen Plan Kim Jong-un tatsächlich verfolgt.

In Pjöngjangs Machtzentrum, so Thae, habe man erkannt, dass 2017 und 2018 die beiden Jahre sein würden, die Nordkorea das Zeitfenster eröffnen, um die letzten Schritte zur Atommacht zu gehen. Nordkoreas Eliten und Kim Jong-un gehen davon aus, dass die neue US-Administration unter Präsident Donald Trump erst eine Weile brauchen würde, bis sie eine schlüssige und klare Politik gegenüber Nordkorea entwickelt habe. Auch in Südkorea, so glauben sie in Pjöngjang, müsse sich die im Mai 2017 frisch ins Amt gekommene Regierung von Moon Jae-in erst finden und mit den USA eine gemeinsame Linie entwickeln. Und so ist es auch gekommen. »Die Trump-Administration war lange gar nicht in der Lage, Gespräche mit Nordkorea zu führen, weil sie keine Politik entwickelt hatte, wie sie mit Nordkorea umgehen wollte. Genauso wie Südkorea.« Aus der Sicht von Nordkoreas Top-Diplomaten, erzählt Thae, habe es also ab Anfang 2017 eine Art Machtvakuum bei den wichtigsten Gegenspielern gegeben. Diese würden zwar verbal und diplomatisch massiv auf Atom- und Raketentests reagieren, aber weiter sei wenig Bedrohliches zu erwarten. »Solange kann Kim Jong-un seine Madman-Politik erst einmal fortsetzen und Nuklearwaffen und Interkontinentalraketen entwickeln.« Und die verschärften UN-Sanktionen, die glaube man in Nordkorea erst einmal aushalten zu können. »Sobald es ein Gesprächsangebot von den Amerikanern gibt, will Kim Jong-un mit einer möglichst starken, also bedrohlichen Verhandlungsposition in den Konferenzraum kommen.« Und natürlich werden dann auch die Aufhebung der Sanktionen und Wirtschaftshilfen zu den Forderungen der Nordkoreaner gehören.

Thae bittet um einen Schluck Wasser. Und auch ich brauche einen kurzen Moment Pause. Was Thae erzählt, lässt viele der Nachrichten aus Nordkorea in einem ganz anderen Licht erscheinen. Wir haben uns daran gewöhnt, dass wir Kim Jong-un als den dicken Verrückten betrachten, als den »kleinen Raketenmann«, wie Trump ihn herablassend genannt hat. Aber damit unterschätzen wir Kim Jong-un gewaltig. Er ist kein Verrückter, er spielt diese Rolle nur, um möglichst viel damit zu erreichen. Diese Erkenntnis hat wenig Beruhigendes. Im Gegenteil: Wer so kühl kalkuliert, wer die Schwächen und Unzulänglichkeiten seiner Gegner so genau studiert, den sollte man besser sehr ernst nehmen. Und mindestens ebenso genau studieren. »Bis jetzt hat seine Madman-Politik ja auch sehr gut funktioniert, das muss man ihm lassen«, sagt Thae. Er ist jetzt ganz der Diplomat, der die Winkelzüge seines Gegenübers zu schätzen weiß. Und der davon berichten kann, wie sehr die Verrücktheit nur eine Fassade ist, hinter der eiskaltes Machtkalkül steckt.

»Kim Jong-un hat uns Diplomaten eine sehr klare, geheime Richtlinie gegeben«, erzählt Thae und lehnt sich dabei in seinem Stuhl nach vorn. Erstens dürfen Nordkoreas Diplomaten solche Verhandlungen erst beginnen, wenn die ganze Welt das nukleare Bedrohungspotential des Landes anerkannt hat. Zweitens darf es in den Gesprächen nur um Abrüstung, niemals aber um die Aufgabe oder Vernichtung der Atomwaffen gehen. Die Bomben sind für Kim wie Jetons im Casino, die er für die Verhandlungen einsetzen will.

Thae hat erlebt, dass genau überlegt wird, wie weit das Land zu welchem Zeitpunkt mit seinen Provokationen gehen kann. Und wann es besser ist, mindestens für einen Moment einen Schritt oder eher ein Schrittchen zurückzutreten und etwas Ruhe einkehren zu lassen. Kims Madman-Taktik ist Teil einer Strategie. Sie ist, so Thae, am Ende immer der Versuch, als möglichst gefährlich und bedrohlich zu erscheinen, um dann bei Verhandlungen besonders viel zu gewinnen. Kim will für Nordkorea den Status einer Atommacht auf einer Stufe mit den USA, Russland, China, Großbritannien und Frankreich. Dafür würde er sich vermutlich sogar auf ein Moratorium einlassen, also auf eine Abmachung, keine weiteren Atombomben oder Interkontinentalraketen zu testen. »Kim Jong-un wird im Gegenzug fordern, Sanktionen aufzuheben«, so Thae.

Für viele Experten klingt das nach einem gangbaren Weg. Eine Art Risikoabwägung. Die Welt lässt Kim Jong-un die Waffen, die er schon hat. Sie schreckt ihn ab, diese einzusetzen, indem sie ihn selbst mit einem Atomschlag bedroht. Es ist ein Szenario aus dem Kalten Krieg. Es hat zwischen den USA und der Sowjetunion funktioniert, zumindest gab es keinen Atomkrieg, auch wenn die Welt ein paarmal kurz davorstand. Aber die Frage ist, ob eine Strategie aus dem vergangenen Jahrhundert zwischen zwei Supermächten im Umgang mit Nordkorea sinnvoll ist. Vielleicht gibt es am Ende keinen anderen Weg als ein neues Gleichgewicht des Schreckens. Aber für Thae, der Kim Jong-un kennt und erlebt hat, ist das eine Vorstellung, die er schwer ertragen kann. »Wenn wir uns auf diesen Kompromiss einlassen, bedeutetet das, dass wir akzeptieren, dass Kim Jong-un Atomwaffen und Raketen hat.«

Aber wie sollten wir dann mit Kim Jong-un am besten umgehen, frage ich? Wie kann man ihn dazu bringen, sein Atomwaffenarsenal, seine Drohungen mit dem Nuklearschlag aufzugeben? »Ich glaube nicht«, sagt Thae, »dass man Kim Jong-un in Verhandlungen jemals dazu bringen kann, seine Atomanlagen zu zerstören. Der einzige Weg, Nordkoreas Nuklearwaffen aus der Welt zu schaffen, ist, Kim Jong-un und sein Regime zu beseitigen.« Pause. Ein klarer, fester Blick hinter der Brille. »Wir sollten jedenfalls nicht in Kim Jong-uns Falle tappen und ihm die Waffen lassen.«

Thae ist kein Kriegstreiber, er hofft vielmehr auf einen Aufstand von innen, darauf, dass zum Beispiel die Eliten so unzufrieden mit Kim Jong-un werden, dass sie sich von ihm abwenden. So wie er das gemacht hat. Und er hofft auf China. »China hat den Schlüssel zur Lösung der Atomkrise, aber es hat diesen Schlüssel bislang nicht genutzt.« Und was wäre der Schlüssel, frage ich. »Die Menschen«, sagt Thae, »die Menschen in Nordkorea.« Und plötzlich redet Thae von Deutschland, von seinem Blick auf die Wiedervereinigung, die Koreaner so sehr fasziniert, weil sie sich erhoffen, daraus etwas für das eigene Land zu lernen. Als Ungarn im Sommer 1989 die Tore öffnete, war das der Beginn vom Ende der DDR. Die Menschen flüchteten, und die Regierung, ein ganzer Staatsapparat, kollabierte. So stellt sich Thae das auch mit China und Nordkorea vor. »Wenn die Menschen weglaufen, dann bricht so das kommunistische System ganz leicht in sich zusammen.«

Die Chinesen wissen das und haben an ihrer Grenze ein ausgeklügeltes Kontrollsystem aufgebaut, um die Leute zurückzuschicken. Sie verhindern die Flucht der Nordkoreaner aus ihrem Land. »Aber wenn China eines Tages die Tür öffnen sollte, dann würde das Regime in Nordkorea zusammenbrechen.« Da ist sich Thae sicher.

Während Thae das erzählt, stelle ich ihn mir in einer Gruppe mit anderen Diplomaten Nordkoreas vor. Vielleicht bei einer Besprechung im Außenministerium, bei der es um das Verhältnis der Mächte, um den Auf- und Abstieg von Staaten geht. Diese Spitzenbeamten sind weit gereist, sie sprechen mehrere Sprachen, und sie sind in der Regel keine Eiferer. Ich erinnere mich an einen meiner Aufpasser, einen jungen Beamten aus dem Außenministerium. Sein Name sei Wang, sagte er uns, aber wer weiß, ob das stimmt. Herr Wang sprach perfektes Ostküstenamerikanisch. So wie Thae sich in sein Oxfordenglisch schmiegt, als schlüpfe er in einen maßgeschneiderten Tweedanzug, so klang Wangs Amerikanisch nach den Eliteuniversitäten der Ostküste, nach Harvard oder Yale, und man konnte ihn sich gut vorstellen, wie er mit einem Becher Kaffee und einem Bagel in der Hand zu einem Seminar in internationaler Politik eilte. Als ich ihn fragte, ob er denn schon einmal in den USA gewesen sei, sah er mich etwas verwundert an und schüttelte den Kopf. Vielleicht hätte ich wissen müssen, dass er noch zu jung war für einen Auslandsposten. Aber andererseits, wie konnte jemand, der in Sprache und Duktus so eingetaucht schien in ein amerikanisches Lebensgefühl, noch nie dort gewesen sein?

An dem Tag, als wir abreisten und ich in Pjöngjangs Yanggakdo-Hotel mein Zimmer zahlen wollte, stand er neben mir an der Rezeption und sah meine Kreditkarte. Ob er die mal anschauen dürfe, fragte Herr Wang. Ich war etwas befremdet und dachte mir, ob wir seit unserer Ankunft in Nordkorea nicht schon genug überwacht worden seien. Wollte Herr Wang jetzt auch noch meine Kreditkartennummer notieren? Hatte er die nicht schon längst? Aber die Frage klang nicht nach dem höflichen Anweisungston, den die Aufpasser oft an sich haben, um dafür zu sorgen, dass alles nach Plan läuft. Die Frage klang privat und irgendwie dringend. Ich gab ihm meine Karte, und wie er sie in seinen Händen hielt und drehte und betrachtete, begriff ich, warum sie ihn so interessierte. Die Karte war für ihn wie das Tor zur Welt, die ihm, sprachgewandt und überaus intelligent, weit offen stehen würde, lebte er nicht in Nordkorea. Nun aber war seine einzige Chance, diese Welt kennenzulernen, in Nordkorea als Diplomat von Kim Jong-un Karriere zu machen. Als jemand, der auf welche Weise auch immer, seine Pläne, seine »Madman-Taktik«, umsetzte. Tatsächlich ist genau das passiert: Ich habe Herrn Wang kürzlich im Fernsehen gesehen. Er muss innerhalb von sehr kurzer Zeit eine sehr steile Karriere in Nordkoreas Außenministerium gemacht haben. Gewundert hat mich das nicht.

Vielleicht hilft es, wenn man sich auch Menschen wie Thae oder Herrn Wang vorstellt bei der Frage, wie man mit Nordkorea umgehen sollte und diesen gefährlichen Konflikt lösen oder zumindest entspannen kann. Es hilft nichts, Kim Jong-uns Reich zu dämonisieren oder für verrückt zu erklären, wie US-Präsident Trump das tut. Man muss versuchen, Vertrauen aufzubauen zu jenen, die Kims Pläne umsetzen sollen, sich aber innerlich vielleicht längst davon verabschiedet haben oder dem zumindest kritisch gegenüberstehen. Man muss ihnen die Sorge nehmen, dass es auch für sie in diesem Atompoker um Leben oder Tod geht. Ihnen versichern, dass es Chancen des Kompromisses, des Gesprächs gibt und selbst für den Fall des Regimekollapses ein Leben danach.

Natürlich unterscheiden sich die Eliten in Nordkorea. Die im Außenministerium haben mehr mit der Außenwelt zu tun, scheinen weltoffener und weniger konfrontativ. Militärs und Sicherheitsbehörden sind in der Regel kompromissloser und feindseliger gegenüber dem Ausland. Und sie neigen in der angespannten Lage auch eher zu einer starren Haltung.

Was Kim Jong-un selbst angeht, da macht sich Thae keine Illusionen. »Er ist ein wirklich gefährlicher Mann«, sagt er und betont dabei jede einzelne Silbe, wie um seiner Aussage besonderen Nachdruck zu verleihen. Aus Thaes Mund hat dieser Satz sowieso eine doppelte Bedeutung. Der gefährliche Mann bedroht die Welt und ihn selbst, sein Leben im Versteck in Seoul. Die Schatten der Leibwächter, die bei diesem Interview neben uns stehen, zeigen, wie ernst auch Südkoreas Geheimdienst diese Gefahr nimmt.

Natürlich ist er erleichtert, nun mit seiner Familie in Südkorea in Freiheit zu sein. »Aber ich kann nicht sagen, ob wir glücklich sind oder nicht«, erzählt Thae und schweigt einen Moment. »Das Leben gibt uns hier jeden Tag Glück, aber auch inneres Leid. Ich denke immer an meine Geschwister, Verwandten und Kollegen in Nordkorea, die den Strafen des Regimes ausgesetzt sind.« Auf Thaes Stirn haben sich Schweißperlen gebildet. Vor einiger Zeit hat er auf CNN seinen Bruder und seine Schwester gesehen. Nordkorea hat sie vorgeführt wie zum Beweis dafür, dass die Familie zumindest bislang nicht für Thaes Flucht bestraft wurde. Man sah die beiden mit steinernen Gesichtern auf einem Sofa sitzen. Sie verurteilten ihren Bruder, es klang hart, aber irgendwie auch so, als ob es von jemand anderem aufgeschrieben worden wäre. »Sie haben meine Geschwister für ihre Propaganda genutzt«, sagt Thae. »Aber ich war vor allem glücklich, ihre Gesichter wiederzusehen, sie reden zu hören. Ich würde sie gerne wieder und wieder sehen.«

Es gibt in Süd- und Nordkorea Millionen Familien, die voneinander getrennt sind. Die meisten davon ohne jede Information darüber, wie es den Verwandten auf der anderen Seite geht. »Ich glaube, ich muss mich glücklich schätzen, dass ich die Gesichter meines Bruders und meiner Schwester im Fernsehen sehen konnte. Das hat mich sehr erleichtert.« Trotzdem merkt man ihm an, wie sehr ihn die Sorge umtreibt, dass das Regime irgendwann doch zuschlägt und seine Geschwister den Preis bezahlen müssen.

Thae rechtfertigt sich selbst und seine Entscheidung damit, dass er mit seiner Flucht eine Mission übernommen habe. Er will die Welt vor Kim und vor der Gefahr einer nuklearen Katastrophe warnen. Für Nordkoreas Diktator sind die Atomwaffen eine Art Überlebensversicherung gegen einen Angriff von außen, aber auch gegen einen Aufstand im Land. Niemand wagt, gegen ein Land vorzugehen, das mit der nuklearen Katastrophe drohen kann.

Würde Kim denn im Zweifel wirklich den roten Knopf drücken und Atombomben abfeuern, frage ich Thae. »Ja«, antwortet Thae, ohne zu zögern. »Für ihn ist der Atomknopf nichts, worüber er lange nachdenken würde. Wenn sein Leben, wenn seine Dynastie in Gefahr ist, wird er den Knopf drücken.« Selbst wenn ein Angriff auf Südkorea, Japan oder die USA unweigerlich auch das Ende für Kim und die verheerende Zerstörung von Nordkorea bedeuten würde. Es scheint bei Kim die Logik der Diktatoren zu gelten, dass sie für den Fall des eigenen Sturzes alle anderen mit in den Abgrund reißen wollen. »Wenn wir weiter diese Krise vernachlässigen, dann kann es hier zu einer unvorstellbaren Katastrophe kommen.«

Als Thaes Leibwächter schon wieder zum Aufbruch drängen, will er noch etwas loswerden. Noch einmal will er über Deutschland sprechen. Wie die Deutschen die Teilung ihres Landes überwunden haben, das habe ihn sehr beeindruckt, sagt Thae. Das gebe ihm die Zuversicht, auch als Gejagter von Kim Jong-un, dass sein Land es auch einmal schaffen werde, die Teilung zu überwinden und frei und vereint zu leben. Vielleicht sei die Vereinigung für Korea sogar leichter zu schaffen als damals für Deutschland, sagt Thae. Ich bin irritiert, denn angesichts der Feindseligkeiten zwischen Nord- und Südkorea könnte ich mir kaum etwas Entfernteres oder Schwierigeres vorstellen als einen Vereinigungsprozess. Anders als in Deutschland haben Norden und Süden im Koreakrieg gegeneinander gekämpft. Und es gibt schreckliche Geschichten von Kriegsverbrechen und Traumata auf beiden Seiten. Wie soll das leichter gehen als in Deutschland?

Aber Thae ist ganz der Diplomat, und er sieht die Welt mit dem Blick auf den Einfluss der Mächte, auf die Stärke der Staaten. »Deutschland musste für seine Einheit die Zustimmung anderer Länder gewinnen. Es musste besonders die Sowjetunion, Frankreich und Großbritannien überzeugen.« Die deutsche Einheit war nur möglich, weil die Siegermächte des Zweiten Weltkriegs, die zu diesem Zeitpunkt immer noch Souveränitätsrechte über Deutschland ausübten, zustimmten. Aber Nord- und Südkorea sind letztlich unabhängiger. Natürlich üben Großmächte wie China oder die USA Einfluss aus. Aber sie könnten viel weniger über das Schicksal Koreas bestimmen, als das in Deutschland der Fall war.

Thae kennt Deutschland aus der Zeit, als er als nordkoreanischer Diplomat in Ostberlin war. Er kennt die Botschaft in der Mohrenstraße in der heutigen Berliner Mitte. Und er erinnert sich, wie beeindruckt er damals davon war, dass ein sozialistisches Land so einen hohen Lebensstandard haben könne. Der Abstand zwischen Nord- und Südkorea ist heute natürlich viel größer als damals zwischen Ost- und Westdeutschland. Südkorea ist inzwischen eine der größten Volkswirtschaften der Welt, Nordkorea liegt in der Rangliste der reichsten Länder der Welt auf einem der hinteren Plätze. Aber für Thae ist das eher ein Vorteil. Auch da ist er ganz der Mann, der in Machtverhältnissen denkt. Nach einem Zusammenbruch des Kim-Regimes, so hofft er, wird es möglicherweise auch weniger hohe Erwartungen an sofortige Verbesserungen geben und weniger Widerstände gegen eine Vereinigung nach den Vorstellungen und dem Modell Südkoreas.

Ein fester Händedruck noch, wie um diesen Wunsch zu bekräftigen, und dann verschwindet er wieder in die Anonymität der Millionenmetropole Seoul. Als die Tür sich hinter ihm schließt, stelle ich mir vor, wie er nun von Leibwächtern umrahmt mit dem Aufzug in die Tiefgarage fährt, in einen Wagen huscht und wieder auf der Flucht sein wird. Kim Jong-un war in all den Stunden, die wir zusammensaßen, ständig dabei. Als habe er gleich hinter Thaes Begleitern im Dunkel dieser Suite gestanden. Was ist das für ein Diktator, der unnachsichtig jeden jagt, der sich ihm entgegenstellt? Der die Welt mit Atomwaffen bedroht?

KAPITEL 2

WER IST KIM JONG-UN, UND WAS WILL ER?

Kim Jong-un war immer schon eine rätselhafte Person. Nicht einmal das Jahr seiner Geburt steht eindeutig fest. War es 1982, 1983 oder doch 1984? Er regiert in Nordkorea als unumschränkter »oberster Führer« und wird dort zur gottgleichen Gestalt stilisiert. Als er nach dem Tod seines Vaters Kim Jong-il Ende 2011 die Macht übernahm, mussten die westlichen Geheimdienste einräumen, dass sie fast nichts über ihn wussten. Das lag daran, dass Kim als jüngster von drei Söhnen lange nicht als Anwärter auf die Nachfolge in Pjöngjang galt.

Im Herbst 2015 sah ich Kim Jong-un zum ersten Mal. Es war bei einer Militärparade anlässlich des siebzigsten Geburtstags der Arbeiterpartei Nordkoreas. Er stand auf einem Balkon, etwa dreißig Meter entfernt von mir, und beobachtete den Aufmarsch seiner Soldaten. Ein dicklicher, nicht sehr großer Mann mit kurzrasiertem Seitenhaar und einer langen schwarzen Tolle. Sein Kopf war oft gesenkt, sein Blick wirkte abwesend. Wenn er nach vorne trat, um denen zu winken, die ihn bejubelten, stützte er sich mit der linken Hand an der Balustrade ab. Kim Jong-un sollte an diesem Tag seine erste öffentliche Rede seit drei Jahren halten. Ich hatte den Eindruck, dass ihm das nicht sonderlich behagte.

Zur Militärparade erschien er in einem typischen hochgeknöpften Anzug, wie ihn auch schon sein Großvater Kim Il-sung und sein Vater Kim Jong-il getragen hatten. An seiner Brust prangte ein roter Anstecker mit den Porträts seiner beiden Vorgänger. Wie er ans Rednerpult trat und seine merkwürdig brüchige Stimme aus den großen Lautsprechern schallte, bekam ich eine Ahnung davon, warum Kim anfangs so unterschätzt wurde. Rede und Gestik wirkten hölzern. Er hob kaum den Kopf und las viel ab. Trotzdem war diese Rede eine wichtige und zentrale Darstellung seiner Herrschaft: Kim Jong-un nannte hier die Leitgedanken, auf die er seine Politik stützt, und die Ziele, die er in seiner Außenpolitik verfolgt.

Gleich zu Beginn dieser Rede nahm Kim Bezug auf die ideologischen Grundpfeiler der Kim-Dynastie und huldigte seinem Großvater Kim Il-sung sowie dessen Juche-Ideologie, der zufolge das Land politisch souverän ist, sich wirtschaftlich selbst versorgt und militärisch eigenständig handelt. Diese Politik habe, so Kim, aus Nordkorea ein sozialistisches Bollwerk gemacht. Gleich darauf folgte eine Verbeugung vor seinem Vater und dessen zentraler Ideologie des *Songun* (»Militär zuerst«), dank derer sich die Volksarmee Nordkoreas in eine Eliterevolutionsarmee verwandelt habe, die in der Lage sei, jeden Aggressor mit einem Schlag zu zerstören.

Obwohl Tausende Soldaten direkt vor ihm auf dem Kim-Il-sung-Platz aufmarschiert waren, ging es in seiner Rede anschließend aber kaum noch um die Armee, sondern fast nur um das Volk und die Arbeiterpartei. Das mag nicht unbedingt verwundern, schließlich wurde ja an jenem Tag der siebzigste Geburtstag von Nordkoreas Arbeiterpartei gefeiert – aber dieser Umstand hatte bei früheren Jubiläen auch nicht weiter interessiert. Der Grund ist ein anderer: Kim Jong-un leitete hier eine bemerkenswerte machtpolitische Wendung ein. Er etablierte eine Dreipunktestrategie: Fortan sollten das Militär, das Volk und die Jugend des Landes die wichtigsten Säulen des Staats sein. Ohne die Songun-Strategie seines Vaters aufzugeben, zeigte Kim Jong-un dadurch, dass er seine Herrschaft auf mehrere Pfeiler stützt. Er präsentierte sich dabei als derjenige, der auf diesen drei Säulen steht, und zwar als der unumschränkte Diktator.

Inzwischen hatte er schon gut zehn Minuten gesprochen. Seine Stimme war zunehmend fester und lauter geworden. Er hatte die Partei gelobt und dem Volk versprochen, sich um dessen Belange zu kümmern. Es war faszinierend zu beobachten, wie Kim sich mit einem Mal als selbstbewusster Herrscher präsentierte, als einer, der als Einziger in der Lage ist, das Land gegen Bedrohungen von außen zu schützen.

Nordkorea habe sich in seiner Geschichte immer wieder gegen die US-Imperialisten durchsetzen müssen. Das Land habe den Gürtel enger geschnallt, um sich verteidigen zu können. Und trotzdem sei eine nationale Wirtschaft entwickelt worden, auch wenn diese durch Sanktionen blockiert werde. Deshalb sei es umso wichtiger, den Zusammenhalt des Volks und dessen Gefolgschaft gegenüber der Partei zu sichern. Das sollte wohl eine Rechtfertigung dafür sein, dass Nordkoreas Gesellschaft weitgehend durchmilitarisiert ist. Nordkorea, so Kim dann mit donnernder Stimme, sei bereit, jede Art von Krieg zu führen, den die amerikanischen Imperialisten wollen. Das war die Drohung mit der Atombombe. Zu diesem Zeitpunkt hatte Kim Jong-un bereits zwei Atomtests angeordnet. Ein weiterer sollte nur ein paar Wochen später folgen.

Nachdem Kim Jong-un seine Rede mit einem erneuten Aufruf zur Einigkeit und mit Drohungen gegenüber Amerika beendet hatte, hob er seine Arme und trat an die Balustrade, um den jubelnden Massen zuzuwinken. Er grinste nun wie einer, der sich seiner Macht bewusst ist.

Aber je mehr Macht ein Diktator gewinnt, umso mehr muss er fürchten, dass sie ihm wieder genommen wird. Diese Sorge äußert Kim natürlich nicht explizit, aber man kann seither an vielem ablesen, dass sie ihn sehr wohl umtreibt. Der 13. Februar 2017 war zum Beispiel so ein Tag.

Morgens um kurz vor neun Uhr betritt ein Mann von Mitte vierzig den Terminal 2 des Flughafens von Kuala Lumpur und sucht auf einer Anzeigetafel den Air Asia Flug 182 nach Macau. Zwei Frauen nähern sich ihm währenddessen von hinten. Plötzlich reibt ihm die eine etwas ins Gesicht, und die andere drückt ihm ein Stück Stoff dagegen. Bevor sich die Frauen aus dem Staub machen, geben sie an vier Männer in grauen Anzügen ein Zeichen: Daumen hoch. Überwachungskameras haben aufgezeichnet, dass eine der beiden mit einem der Männer zuvor in einem Café des Flughafens gesessen war. Der Mann, der von den beiden Frauen angegriffen worden ist, wirkt verwirrt und wendet sich an das Sicherheitspersonal des Flughafens. Man sieht auf dem Überwachungsmaterial, wie er mit Gesten nachahmt, was die Frauen mit ihm gemacht haben. Dann wird er in die Ambulanz des Flughafens gebracht, was auch von den Kameras festgehalten wurde. Der Mann hat einen Diplomatenpass auf den Namen Kim Chol. Aber eigentlich heißt er ganz anders.

Noch in der Ambulanz bekommt er Kreislaufprobleme und wird von schlimmen Schmerzen geplagt. Er glaubt, er sei vergiftet worden. Man bringt ihn in ein Krankenhaus, bereits unterwegs verliert er das Bewusstsein. Zwanzig Minuten nach dem Angriff ist Kim Jong-nam, der Halbbruder von Kim Jong-un, tot.

Die malaysische Polizei nimmt in den folgenden Tagen die beiden Frauen fest, die Indonesierin Siti Aisyah und die Vietnamesin Doan Thi Huong. Beide sagen gegenüber der Polizei aus, sie hätten geglaubt, bei einer Fernsehshow wie *Verstehen Sie Spaß* mitzumachen. Aisyah erklärt, sie habe dafür neunzig US-Dollar bekommen. Malaysias Polizeichef glaubt den Frauen kein Wort. Huong sei nach dem Anschlag zu einer Toilette geeilt. »Sie war sich sehr bewusst, dass der Stoff giftig war und sie ihre Hände waschen musste.«

Die Ermittlungen der Polizei zeigen, dass die Frauen tatsächlich nicht allein gehandelt haben. Die malaysische Polizei verhaftet einen Malaysier und einen Nordkoreaner. Nach vier weiteren Nordkoreanern, die unmittelbar nach dem Anschlag aus Kuala Lumpur abgeflogen sind, wird gefahndet. Insgesamt bringen die Ermittler acht Nordkoreaner mit dem Attentat in Verbindung.

Zudem enthüllen Malaysias Behörden einige Tage später, dass Kim Jong-nam mit flüssigem VX vergiftet worden ist, ein starkes Nervengift, das zur chemischen Kriegsführung entwickelt wurde. Bereits wenige Tropfen davon reichen, um einen Menschen zu töten. Nach Schätzungen der Nuclear Threat Initiative verfügt Nordkorea über zwischen zweitausendfünfhundert und fünftausend Tonnen chemischer Kampfstoffe, VX eingeschlossen. Nordkorea bestreitet das – ebenso wie jede Beteiligung an dem Mordanschlag. Doch alle Ermittlungen deuten darauf hin, dass der Mord im Auftrag von Kim Jong-un ausgeführt wurde.

Aber warum sollte Kim Jong-un seinen Halbbruder ermorden lassen? Welches Ziel verfolgte er damit? Diese Fragen führen zum Wesenskern der Herrschaft von Kim Jong-un und der Kim-Dynastie. Es geht um Machterwerb und Machtsicherung.

Kim Jong-nam war in vielem das Gegenbild zu seinem Halbbruder. Er bewunderte Südkoreas wirtschaftlichen Erfolg, liebte südkoreanische TV-Serien und den sogenannten K-Pop. Er trat öffentlich für eine wirtschaftliche Öffnung seines Landes ein und lehnte die dynastische Erbfolge ab, eine der Säulen der Kim-Herrschaft. Wäre er der Nachfolger seines Vaters geworden, dann wäre wohl einiges ganz anders verlaufen. Kim Jong-nam mag deshalb auch für die Großmächte der Region – wie für China oder auch die USA – eine Alternative zu Kim Jong-un gewesen sein. Einer, den man sich in der Hinterhand halten wollte für den Fall eines Machtwechsels oder eines Staatsstreichs in Nordkorea. Kim Jong-nam selbst hatte zwar stets erklärt, dass er keinerlei Ambitionen auf die Herrschaft in Nordkorea habe, aber das hat seinen Halbbruder wohl wenig beruhigt. Möglicherweise war es gerade die Tatsache, dass Kim Jong-nam eine Projektionsfläche für einen politischen Gegenentwurf in Nordkorea darstellte, die ihn ins Visier nordkoreanischer Killerkommandos gerückt hat.

Kim Jong-nam war gut zehn Jahre älter als Kim Jong-un und der erstgeborene Sohn von Kim Jong-il und dessen zweiter Frau Sung Hae-rim. Kim Jong-un ist der dritte und jüngste Sohn von Kim Jong-il, seine Mutter war Ko Yong-hi, in Japan geboren und dessen dritte Ehefrau. Kim Jong-un hat noch einen älteren Bruder namens Kim Jong-chol. Der wurde von seinem Vater aber offenbar nie als möglicher Nachfolger betrachtet, weil er ihn für zu verweichlicht hielt. So jedenfalls berichtet es Kenji Fujimoto, der ehemalige Chefkoch von Kim Jong-il.

Kim Jong-un und Kim Jong-nam haben sich nie getroffen. Ihr Vater hielt die beiden Familien bewusst voneinander fern, offenbar um Konflikte zu vermeiden. Der Brudermord ist in der Geschichte Koreas ein immer wieder auftretendes Motiv. Schon zu Zeiten des Joseon-Königreichs haben sich Machthaber über den Brudermord die Macht genommen und gesichert.

Die beiden Halbbrüder hatten eine sehr ähnliche Jugend. Kim Jong-un wuchs streng abgeschirmt auf. In den Neunzigerjahren lebte er offenbar unter falschem Namen in der Schweiz, besuchte eine Schule in Bern und lernte dort auch Deutsch. Seine Klassenkameraden, so berichten sie heute, erlebten ihn als einen freundlichen, ruhigen Teenager. Sie nahmen an, dass er aus einer der vielen Diplomatenfamilien stammte, die in der Schweizer Hauptstadt leben. Der junge Kim aber war ohne seine Eltern in Bern und befand sich in Wahrheit unter der Obhut des nordkoreanischen Botschafters. Er liebte Basketball und war ein großer Fan der Chicago Bulls, besonders von Michael Jordan. Er trug gerne Nike-Schuhe, und sein Lieblingssong war »Brother Louie« der deutschen Popband Modern Talking. Damit war er allerdings auch damals nicht mehr ganz auf der Höhe der Zeit. Bemerkenswert in diesem Zusammenhang ist, dass Kim Jong-un bei all der antiamerikanischen Rhetorik, die man heute von ihm hört, zumindest damals ein großer Fan amerikanischer oder westlicher Popkultur gewesen ist.

Auch Kim Jong-nam ist in der Schweiz zur Schule gegangen, und zwar in Genf. Er hat sich in der westlichen Welt so wohl gefühlt, dass er darüber nach seiner Rückkehr nach Nordkorea mit seinem Vater in Konflikt geriet. Zum Bruch kam es 2001, als er mit einem gefälschten Pass versuchte, heimlich nach Tokio zu reisen. Als er bei der Einreise dort aufgegriffen wurde, gab Kim Jong-nam an, er wolle Disneyland besuchen.

Sein Vater soll außer sich vor Wut gewesen sein. Damit war Kim Jong-nam für die Nachfolge ausgeschieden. Von da an verbrachte er die meiste Zeit in China und in der Sonderwirtschaftszone Macau. Er war nun das schwarze Schaf der Familie, aber er gehörte noch immer zur Herrscherdynastie.

Einen seltenen Einblick in die Kim-Dynastie gab Kim Jong-nam dem japanischen Journalisten Yoji Gomi, den er kurz nach seinem Zerwürfnis mit dem Vater am Flughafen von Peking kennengelernt hatte. Gomi war zu der Zeit der Chinakorrespondent einer japanischen Zeitung, und irgendwie freundeten sich die beiden an. Sie tauschten E-Mails aus, trafen sich und sprachen stundenlang miteinander. Yoji Gomi wirkt mit der akkurat gebundenen Krawatte und der schmalen, strengen Brille mehr wie ein Regierungsbeamter als wie ein Journalist. Aber vielleicht haben gerade seine Seriosität und Ernsthaftigkeit dazu geführt, dass Kim Jong-nam zu ihm Vertrauen fasste. Aus den intimen Gesprächen der beiden entstand eine Biographie über Kim Jong-nam, in der dieser ziemlich offen über das Regime in Nordkorea spricht.

Als ich Gomi im Herbst 2017 in Tokio treffe, sind neun Monate seit der Ermordung von Kim Jong-nam vergangen. Gomi gibt seit diesem Mord eigentlich keine Interviews mehr. Für uns macht er eine Ausnahme. Dass die Zeit danach für ihn keine leichte gewesen ist, merkt man sehr schnell. Journalistenkollegen haben ihm, ohne sein Buch gelesen zu haben, vorgeworfen, er sei wegen dieser Veröffentlichung mitverantwortlich für die Ermordung von Kim Jong-nam. Die japanische Polizei hat ihm geraten, zum eigenen Schutz besser nicht zu nahe am Rand von Bahnsteigen zu stehen, Straßen nie allein zu überqueren, besonders nachts nicht, und bei Autofahrten besonders vorsichtig zu sein. Zu erfahren, dass gezielte Mordanschläge oft wie Unfälle aussehen, hat Gomi sehr verunsichert.

Er beschreibt Kim Jong-nam als freundliche Person mit liberaler Gesinnung, die das Regime in Nordkorea und dessen dynastisches Prinzip stark kritisierte. »Dass der Lebensstandard der Menschen angehoben werden sollte, lag ihm besonders am Herzen«, so Gomi. »Er glaubte, dass Nordkoreas Wirtschaft sich dringend öffnen müsse, um sich zu entwickeln. Das klingt normal für uns, aber es braucht eine Menge Mut, das als Mitglied der Kim-Familie zu sagen.«

Kim Jong-nam habe das Gefühl gehabt, dass es mit Nordkorea desaströs enden werde, wenn die Dinge so weiterlaufen, erzählt Gomi. Kim Jong-nam sei unter anderem auch deswegen nach Peking und Macau gegangen, weil er sich für die Wirtschaft in China interessiert habe. Und den Chinesen lag daran, ihm ihren wirtschaftlichen Erfolg zu zeigen. Sie führten ihn in Shanghai herum, in Peking oder in Shenzhen, dem Geburtsort des sagenhaften chinesischen Wirtschaftsaufstiegs, möglicherweise in der Hoffnung, dass Kim Jong-nam doch noch irgendwann Machthaber von Nordkorea werden und das abgeschlossene Reich sich dann öffnen würde. Deshalb stand er in Macau ganz offensichtlich auch unter dem Schutz der Chinesen.

Macau gilt als das Las Vegas Asiens. In den letzten Jahren hat die Stadt das amerikanische Zockerparadies bei weitem abgehängt und gilt als die Metropole Nummer eins für Glücksspiele. Als ich im Herbst 2017 dorthin fuhr, um mich auf die Spuren von Kim Jong-nam und den geheimen Geschäften

Nordkoreas zu begeben, wurde ich von einem Feuerwerk begrüßt, das gerade über einem der großen Casinohotels niederging. Gleichzeitig gab es einen bunten Karnevalsumzug. Das leuchtende, glitzernde, überbordende Macau – das war die Welt von Kim Jong-nam. Die teuren Fünfsternehotels, in deren Läden man sich das iPhone für fünftausend Euro vergolden lassen kann oder für fünfzigtausend Euro eine mit Brillanten besetzte Schutzhülle bekommt. Die Nobelrestaurants, die Escort-Services. Die riesigen Casinosäle, in denen reiche Chinesen bei Roulette, Baccara oder Poker jeden Tag Unsummen verspielen. Während wir hier drehten, hörten wir, wie ein Chinese mit seinem Kumpel zu Hause in Peking telefonierte: »Ich habe gerade sechzigtausend Kuai (umgerechnet rund achttausend Euro) verloren. Kannst du mir noch mal hunderttausend (rund dreizehntausend Euro) auf die Karte laden?« Er sagte das so, als hätte er gerade seinen Drink geleert und würde einen neuen bestellen.

Kim Jong-nam hat ein ausschweifendes Leben in Macau geführt und extrem hohe Summen in den Casinos verspielt, erzählt Gomi. »Er trank und aß viel mit seinen Freunden, besonders mit südkoreanischen Freunden, und lud großzügig ein.« Er war so etwas wie Nordkoreas Playboy in Macau. Aber eigentlich lebte er dort ein Leben, wie er es aus Pjöngjang von Kindheit an gewohnt war und von seinem Vater kannte. Auch wenn das Volk hungerte, der Herrscherfamilie der Kims fehlte es an nichts. Der einzige Unterschied: Das ausschweifende Leben in Nordkorea findet abgeschirmt hinter Palastmauern statt.

Das Lieblingsrestaurant von Kim Jong-nam aber war ein einfaches koreanisches Lokal ganz in der Nähe des pompösen MGM-Hotels, vor dessen Auffahrt ein großer goldener Löwe thront. Das Restaurant gehört einem Südkoreaner, die Bedienungen und die Köche sind von den Philippinen. Ja, sie erinnern sich noch gut an ihn, erzählen sie, als ich ihnen Fotos von Kim Jong-nam zeige. Er scheint ein freundlicher und fröhlicher Gast gewesen zu sein. Eine der Bedienungen zeigt mir seinen Lieblingsplatz: eine schmale Stiege hinauf in den ersten Stock, vorbei an vielen Fotos von Gästen. Das Foto mit Kim Jong-nam habe der Chef abgenommen, erzählt sie. Zu viele haben danach gefragt. Oben rechts in der Ecke am Fenster stehen sechs niedrige Hocker und ein Tisch mit einer Vertiefung für die Kohle, über der nach koreanischer Art der Bauchspeck gegrillt wird. Die philippinischen Bedienungen bringen eingelegtes Gemüse und Kimchi, sie legen das Fleisch darauf, sie haben gelernt, wie man das in Korea macht. Aber sie sind auch pragmatisch. Damit das Fleisch schneller gart, befeuern sie es über dem Grill noch zusätzlich mit einem Bunsenbrenner. Ich stelle mir vor, wie sich Kim Jong-nam darüber gewundert hat, als er das zum ersten Mal sah. Wie sein Blick zu den Schwarzweißfotos wanderte, die an der Wand hängen und Szenen aus dem Korea der Fünfzigerjahre unmittelbar nach dem Koreakrieg zeigen. Kim Jong-nam muss großes Heimweh gehabt haben, dass er immer wieder hierhergekommen ist.

Kim Jong-nam war verheiratet und hatte zwei Kinder: einen Jungen und ein Mädchen. Das Haus, in dem er in Macau wohnte, liegt in einem reichen Viertel mit Blick auf die Mündung des Perlflussdeltas und auf China. Die Häuser hier haben breite Fenster, ihre Fassaden sind von der Meeresluft gealtert. Im öffentlichen Bad gegenüber, in dem ich nach Kim Jong-nam frage, reagieren die Bademeister abweisend. Man will die Diskretion der Nachbarschaft nicht kompromittieren und daher nicht über den berühmten Mann und dessen ausschweifendes Leben sprechen.

Kim Jong-nam war ein Geschäftemacher. In Macau und Malaysia investierte er in mehrere Firmen. Nach Angaben von Gomi war er in Macau zumindest zeitweise auch seinem Vater bei der Umgehung von internationalen Sanktionen behilflich. Macau war für Nordkorea schon seit langem die Basis für geheime Geschäfte. In einem Gebäude, in dem von den Kästen der Klimaanlagen Rostadern herunterlaufen, als wären es Tränen, hatte zum Beispiel die Zokwang Import Export Company ihren Sitz. Sie hat nach Erkenntnissen amerikanischer Geheimdienste seit Anfang der Neunzigerjahre für Nordkorea Geschäfte mit gefälschten Dollarnoten und Waffen abgewickelt und damit Devisen für das Atom- und Raketenprogramm des Landes beschafft. An den Marmorwänden der Etage, in der die Firma residierte, entdecken wir noch die Abdrücke des Namensschilds. Dann kommt die Hausmeisterin und drängt uns hinaus.

Macau, bis Ende der Neunzigerjahre eine Kolonie der Portugiesen, war lange Zeit ein vergessenes Pflaster. Keiner interessierte sich groß für die Geschäfte, die hier abgewickelt wurden. Schon in den Siebzigerjahren wollten die Portugiesen Macau an die Chinesen abtreten. Hier gab es Banken wie die Delta Asia, die bereit waren, bei der Umgehung von Finanzsanktionen zu helfen. Und Kim Jong-nam spielte in dieser Schattenwelt wohl eine wichtige Rolle. Gomi berichtet, Freunde von Kim Jong-nam haben ihm anvertraut, dass dieser zeitweise die Konten Nordkoreas in Macau verwaltet habe. Es war ein Dienst an seinen Vater, verbunden vielleicht mit der Hoffnung, eines Tages wieder mit ihm ins Reine zu kommen. Und es zeigt, dass Kim Jong-nam noch kein Gejagter, noch kein

Vogelfreier war. Doch der dynastische Spross, der mit hehren Ideen und Freiheitsidealen aus Genf zurückgekehrt war, ist in den Spielhallen Macaus versumpft. Damit hat Kim Jong-nam auch die Chance auf eine wirtschaftliche und politische Öffnung Nordkoreas verspielt.

Kim Jong-un war zur gleichen Zeit in Pjöngjang. Er hat Nordkorea nach seiner Rückkehr aus der Schweiz nicht noch einmal verlassen. 2009 übertrug ihm sein Vater Kim Jong-il die Leitung des nordkoreanischen Geheimdiensts. 2010 wurde er zum General und ins Zentralkomitee der Partei berufen. Außerdem wurde er stellvertretender Vorsitzender der Militärkommission. Damit war für jeden in Nordkorea klar, dass er der Nachfolger werden sollte. Der Letztgeborene sollte der Erste sein. Das Fortbestehen des dynastischen Prinzips war so gesichert, ein weiterer Kim, der dritte, würde Nordkorea fortan regieren.

Kim Jong-un selbst denkt, anders als sein Halbbruder, sehr stark in diesem dynastischen Prinzip und ordnet alles dem Fortbestand der Kim-Dynastie unter. Angeblich hat er selbst drei Kinder mit seiner Frau Ri Sol-ju, von denen aber weiß man noch weniger als von ihm. Und er ahmt insbesondere seinen Großvater Kim Il-sung in Kleidung und Habitus nach.

Als Kim Jong-il Ende 2011 stirbt, wird Kim Jong-un zunächst zum protokollarischen Staatsoberhaupt des Landes ernannt. Am 29. Dezember 2011 wird er in einer öffentlichen Zeremonie auf dem Kim-Il-sung-Platz zum obersten Führer der Partei und des Militärs berufen. Sehr schnell wird er dann, befeuert durch öffentliche Propaganda, als gottgleicher Anführer verehrt. Auf den Bildern vom Staatsbegräbnis schreitet Kim Jong-un neben der schwarzen Limousine mit dem Leichnam seines Vaters. Kim Jong-nam, der als Erstgeborener nach konfuzianischer Sitte den Zug eigentlich hätte anführen müssen, ist nicht zu sehen.

Von dem Moment an, in dem Kim Jong-nam vom Tod seines Vaters erfahren hatte, war er in Panik. Gomi berichtet: »Ich habe versucht, ihn in diesen Tagen zu erreichen. Zwei Tage zuvor hatten wir noch E-Mails ausgetauscht, aber seitdem bekannt geworden war, dass sein Vater tot ist, hörte der E-Mail-Verkehr komplett auf.« Er habe versucht, ihn anzurufen, ihn aber nicht erreicht. Er muss schockiert gewesen sein. Solange der Vater herrschte, fühlte sich Kim Jong-nam sicher. Er wusste, trotz aller Kritik an Nordkorea konnte ihm als Sohn von Kim Jong-il nichts passieren. Aber nun, da sein fremder Halbbruder an die Macht gekommen war, ahnte er, dass sich für ihn alles ändern würde. Er wollte sich nicht mehr öffentlich zu Nordkorea äußern und bat auch Gomi, mit einer Veröffentlichung der Biographie erst mal abzuwarten. Die Befürchtungen von Kim Jong-nam wurden sehr bald wahr. Als Erstes blieben die Zahlungen aus Nordkorea aus. Kim Jongnam geriet zunehmend in Geldschwierigkeiten, schließlich flog er aus einem Luxushotel, weil er eine fünfstellige Rechnung nicht begleichen konnte.

Als Kim Jong-un Nordkoreas Staatschef wurde, glaubten zunächst viele, er sei – wegen seines manchmal ungelenken Auftretens – zu jung und unerfahren dafür. Einige Nordkoreaexperten äußerten, dass die eigentliche Macht nun dort liege, wo die Waffen des Landes kontrolliert werden: beim Militär. Tatsächlich aber hat das Militär heute in Nordkorea viel an Macht verloren. In den Jahren seit seinem Machtantritt hat Kim Jong-un reihenweise hohe Generäle und Offiziere hinrichten lassen. Die Exekutionswelle traf auch Kims Onkel Jang Song-thaek, der als stellvertretender Vorsitzender der Nationalen Verteidigungskommission als der eigentliche starke Mann Nordkoreas gegolten hatte. Den Berichten südkoreanischer Zeitungen zufolge machte Kim Jong-un offenbar auch nicht davor Halt, Parteigänger seines Onkels, dessen Verwandte und selbst dessen Kinder hinrichten zu lassen. Ähnlich wie sein Großvater Kim Il-sung, der die konkurrierende Yan'an-Fraktion nach dem Koreakrieg hatte verfolgen lassen, ging Kim Jong-un rücksichtslos gegen mögliche oder eingebildete Gegner vor. Nach Erkenntnissen des südkoreanischen Geheimdiensts soll Kim Jong-un bereits kurz nach seinem Machtantritt 2011 den Mordauftrag gegen seinen Halbbruder erteilt haben.

In seiner Not schrieb Kim Jong-nam angeblich sogar einen Brief an den Bruder, in dem er ihn um Gnade bat: »Wir können nirgendwohin. Wir können uns nirgendwo verstecken. Wir sind uns sehr bewusst, dass der einzige Weg der Flucht der Selbstmord ist.« Das zumindest berichtet der südkoreanische Geheimdienst gegenüber Parlamentariern in Südkorea. Gomi erzählt, dass Kim Jong-nam nach dem Tod seines Vaters zunächst sehr vorsichtig gewesen sei. Mit der Zeit habe das aber nachgelassen: »Er war von Natur aus ein sehr offener Mensch. Einer, der auf Leute zuging. Und er war unvorsichtig.« Sein Wissen um die Härte des Bruders, um dessen Strategie des Mordens zum eigenen Machterhalt, konnte Kim Jong-nam daher nicht retten.

Während Kim Jong-nam auf Austausch setzte, vertraut Kim Jong-un ganz offensichtlich nur wenigen, zum Beispiel seiner Schwester Kim Yo-jong, die er zur Direktorin des Ministeriums für Propaganda und Agitation gemacht hat. Sie ist verantwortlich für seine Auftritte und seine Außendarstellung und eine der höchstrangigen Persönlichkeiten Nordkoreas.

Den luxuriösen Lebensstil allerdings, den schätzt Kim Jong-un ebenso. Wie sein Halbbruder hat er seine ersten Lebensjahre abgeschottet in einem Palast in Nordkorea verbracht, was ihn offenbar bis heute prägt. Er besitzt große Jachten, einen Privatjet und dicke deutsche Autos. Überläufer und Besucher berichten von ausgiebigen Gelagen und darüber, dass Kim eine sogenannte Freudentruppe gutaussehender junger Damen um sich schare, die ihm und seinen Gästen zu Diensten sei. Die Zeitschrift *Forbes* schätzt sein Vermögen auf über fünf Milliarden Dollar, was Kim zu einem der reichsten Menschen der Welt macht. Geparkt ist das Geld offenbar auf Hunderten Konten im Ausland, ein erheblicher Teil davon in China. Kims Clan verfügt in Nordkorea über gleich mehrere Paläste. Der wichtigste ist die Ryongsong-Residenz rund zwölf Kilometer nordöstlich von Pjöngjang, die über eine unterirdische Kommandozentrale und einen Atombunker verfügt. Sie ist über ein Tunnelsystem mit anderen Palästen und privaten Landebahnen verbunden. Kim Jong-un ist auf alles vorbereitet: auf seine Flucht und sogar auf einen Atomkrieg.

Im Mai 2016 hätte ich Kim Jong-un fast noch einmal gesehen. Er hatte seine Macht gefestigt. Wie sehr, das sollte der siebte Parteitag der Koreanischen Arbeiterpartei zeigen. Auch westliche Journalisten waren dazu eigens nach Pjöngjang eingeladen worden. Es war ein regnerischer Tag, die Fahnen hingen schlapp herunter, und die nordkoreanischen Verkehrspolizistinnen hatten sich durchsichtige Regenmäntel übergeworfen. Früh am Morgen wurden wir vor das Tagungsgebäude geführt, in dem angeblich schon über dreitausend Delegierte versammelt waren. Als ich einen unserer Aufpasser fragte, wann wir denn hineingehen dürften, schaute er mich erstaunt an: »Rein dürft ihr nicht. Aber ihr könnt von außen filmen.«

Offenbar war man in Nordkorea auf das Großereignis doch nicht richtig vorbereitet gewesen. Es hatte seit sechsunddreißig Jahren keinen solchen Parteitag mehr gegeben. Kim Jong-il hat es nie gewagt, die Partei zusammenzurufen. Offensichtlich traute man sich daher nicht, auch noch die geladenen Medien zuzulassen.

In den Wochen zuvor war Nordkorea im Ausnahmezustand gewesen. Es hatte eine Siebzigtagekampagne gegeben, in der das ganze Land ununterbrochen an den Verschönerungen Pjöngjangs und des Landes arbeiten sollte. Kurz nach dem Parteitag gab es dann sogar noch eine Zweihunderttagekampagne. Es ist dieser ständige Ausnahmezustand, die ständige Bedrohung von außen, die Kim Jong-un präsentiert. Sie hält das ganze Land unter Stress und dient der Stabilisierung des Kim-Regimes, weil sie von den gravierenden Defiziten seiner Politik und Wirtschaft ablenkt. Den ganzen Tag über strahlte Nordkoreas Fernsehprogramm Landschaftsaufnahmen aus, aber nichts vom Parteitag, der das Land in Atem hielt. Erst später am Abend wurde das Programm für eine Sondersendung unterbrochen.

Man sah Kim Jong-un im Nadelstreifenanzug auf die Bühne und dann hinter das Rednerpult treten. Es wirkte fast, als sei dies sein eigentlicher Machtantritt. Er kündigte einen neuen Fünfjahresplan an und betonte den Aufbau einer sozialistischen Wirtschaft. Wer immer gehofft hatte, dass Kim Jong-un aufgrund seiner Erfahrungen im Ausland für eine wirtschaftliche Öffnung eintreten würde, der wurde jetzt bitter enttäuscht. Von freiem Unternehmertum oder einer Art Entwicklung wie in China oder in Vietnam war keine Rede. Darüber hinaus versprach er den Aufbau Nordkoreas zur Atommacht. Beide Ziele, die wirtschaftliche Modernisierung und die atomare Aufrüstung, verband er mit einer eigenen Ideologie, die er Byungjin nennt und die die Strategie der Arbeiterpartei für die Umsetzung dieser Ziele vorgibt. Kim versprach, dass Nordkorea eine verantwortungsvolle Atommacht sein und seine Atomwaffen nur dann einsetzen werde, wenn die Souveränität des Landes durch aggressive feindliche Mächte gefährdet werde. Gleichzeitig kündigte er an, Nordkorea werde seine Verpflichtungen bei der Nichtweiterverbreitung von Atomwaffen erfüllen und sich für eine Entnuklearisierung der Welt einsetzen. Das klang nicht besonders glaubwürdig, nach all den Tests, die Kim Jong-un bis dahin schon hatte durchführen lassen, und nach all den illegalen Waffenverkäufen an Schurkenstaaten in Afrika und im Mittleren Osten.

Vom versprochenen Wohlstand für das Volk ist bis heute nicht viel zu spüren. Für Kim Jong-un war in dieser Rede vor allem die nukleare Abschreckung zentral. Ihn trieb ganz offensichtlich die Sorge um, dass die Kim-Dynastie das gleiche Schicksal erleiden könne wie Muammar al-Gaddafi in Libyen oder Saddam Hussein im Irak. Gaddafi war bereit, sein Atomprogramm aufzugeben. Und Saddam Hussein ist dazu gar nicht erst in der Lage gewesen. Ohne Atomwaffen waren beide Herrscher dann schutzlos den USA ausgeliefert. Kim, das zeigt dieser Parteitag, sieht sich in einem Überlebenskampf gegen innere und äußere Feinde, für den er die Nuklearwaffen dringend braucht. Sie sind für ihn und sein Regime eine Art Lebensversicherung.

Ich vermute, dass Kim Jong-un die nuklearen Krisen, die Nordkorea unter seinen Vorgängern erlebt hat, klar analysiert und daraus seine eigenen Schlüsse gezogen hat. Aus seiner Sicht wollte Nordkorea immer dann sein Atomprogramm voranbringen, wenn es gerade in einer schwachen Position war und letztlich dem internationalen Druck nachgeben musste. Daher lässt er sich, so wie er es auch zu seinen Diplomaten wie Thae gesagt hat, erst dann auf Verhandlungen ein, wenn er die stärkste Position hat. So hofft er, am Ende mehr zu erreichen als sein Vater.

Auch was dieses Verhandlungsziel sein könnte, erwähnte er bereits in seiner Rede vor dem Parteikongress: die Vereinigung der beiden Koreas. Sein Traum von der Bombe könnte letztlich noch weit mehr sein als der Versuch, für sich und seine Dynastie eine Überlebensgarantie zu bekommen. Kims eigentliches Ziel könnte sein, ein maximales Erpressungspotential in Händen zu halten, das ihm verschafft, was sein Großvater immer wollte, aber nicht erreicht hat: den Rückzug der USA von der koreanischen Halbinsel und die Vereinigung mit Südkorea zu den Bedingungen Nordkoreas. Der Auftritt im Nadelstreifenanzug markiert den letzten Schritt in der Phase des Machtantritts.

Dieser Parteitag kann auch als Auftakt zur besonders aggressiven Politik von Kim Jong-un gesehen werden. Er hat sich für die harte Linie entschieden. Gegen die äußeren Feinde geht er mit verschärftem Ton vor, kurz nach dem Parteitag beginnt auch die besonders offensive Phase der Raketen- und Atomtests. Gegen die Menschen, die er für seine inneren Feinde hält, geht er ebenso unaufhaltsam wie unnachgiebig vor.

Kim Jong-nam muss zunehmend verzweifelt gewesen sein. Und er scheint einen Giftanschlag befürchtet zu haben. Im Rucksack, den er bei sich trug, entdeckte die malaysische Polizei mehrere Glasfläschchen mit Atropin, einem Gegenmittel für das Nervengift VX. Es ist eines der großen Rätsel, warum er das nicht eingenommen hat.

Im Sommer 2017 sind die Ermittlungen der malaysischen Polizei zwar ein gutes Stück weitergekommen, aber es gibt immer noch ein paar ungelöste Fragen: Warum fuhr Kim Jong-nam überhaupt nach Malaysia? Warum trug er in seinem Rucksack rund einhunderttausend US-Dollar in bar bei sich? Wer hat ihm dieses Geld gegeben und zu welchem Zweck? Zu dieser Zeit tritt US-Präsident Donald Trump in der UN-Vollversammlung auf, beschimpft Kim Jong-un als »kleinen Raketenmann« und droht damit, Nordkorea völlig zu vernichten.

Doch Kim Jong-un ist kein unberechenbarer Verrückter und keiner, den man unterschätzen darf. Er ist einer, der mit Ausdauer plant, um dann mit aller Schärfe und Rücksichtslosigkeit gegen all jene vorzugehen, die er für seine Gegner hält. Auch wenn er auf Trumps Rede recht emotional antwortet und Trump als »zurückgebliebenen Schwachkopf« bezeichnet, so könnte dies Teil der von Thae beschriebenen Madman-Strategie sein. Sein Atomprogramm aber treibt er nicht impulsiv, sondern gezielt voran.

Auch die Familie von Kim Jong-nam steht weiterhin im Fadenkreuz. Im Herbst 2017 machte die Nachricht die Runde, dass die chinesische Polizei in Peking nordkoreanische Agenten festgenommen habe. Angeblich hätten sie den Auftrag gehabt, den Sohn von Kim Jong-nam zu töten. Der Diktator in Pjöngjang fürchtet offenbar immer noch um seine Macht.

Thae, der Überläufer aus der Botschaft in London, hat berichtet, dass Kim Jong-un Atombomben als ein Mittel gegen seine geradezu paranoide Sorge vor dem Machtverlust betrachte. Aber wie weit ist er mit seinem Atomprogramm bereits gekommen? Wie nahe ist er daran, die gefährlichsten Waffen der Welt in Händen zu halten?

KAPITEL 3

DIE BOMBEN DES DIKTATORS

Wenn Nordkorea eine Rakete testet, ist es dort meist früh am Morgen, und in Deutschland schlafen alle noch. Auf den Bildern, die Nordkoreas Staatsfernsehen später ausstrahlt, sieht man den Feuerschwall, den Rauch, wie die Rakete langsam abhebt und dann immer schneller in den Himmel schießt. Wenn der Test erfolgreich war, ist auf den Bildern auch oft Kim Jong-un zu sehen. Hohe Militärs stehen bei ihm und jubeln ihm ekstatisch zu, während er zufrieden grinst und auf einen Computerbildschirm zeigt, der die Flugbahn nachzeichnet, als habe er selbst die Rakete in die Luft gehoben.

Im Westen wirken diese Bilder immer so befremdlich, so fern von dieser Welt, dass man sich fragt, ob das wirklich so passiert sein kann. Ob es tatsächlich diesen Ort gibt, an dem ein übergewichtiger Mann Anfang dreißig alles daransetzt, Nuklearwaffen zu bauen. Oder ob das alles nur eine Propagandalüge ist, ein Bluff, der die Welt erschrecken und Kim Jong-uns Regime sehr viel Aufmerksamkeit verschaffen soll.

Die entscheidende Frage dabei ist, wie nahe Kim Jong-un seinem Ziel schon gekommen ist, Atomraketen zu bauen? Was man weiß, ist, dass dazu vor allem zwei Dinge erforderlich sind: Zum einen sind das Trägerraketen, die weit genug fliegen und ein Ziel möglichst genau treffen können, sogenannte ballistische Raketen also, die die Erdatmosphäre verlassen, Tausende Kilometer zurücklegen und dann wieder in die Atmosphäre eintreten. Zum anderen braucht es Atomsprengköpfe, die klein und leicht genug sind, um auf die Spitze solcher Raketen montiert zu werden. Und die widerstandsfähig genug sind, um die enorme Hitze auszuhalten, die beim Wiedereintritt in die Erdatmosphäre entsteht.

Sicher ist, dass Nordkorea an beidem – an der Entwicklung von Trägerraketen und von Atomsprengköpfen – mit Hochdruck arbeitet. Seit er an der Macht ist, hat Kim Jong-un schon mehr Raketen getestet als sein Vater und Großvater zusammen. Das zeigen die Aufzeichnungen des James-Martin-Center for Non Proliferation Studies in den USA. Bis Ende November 2017 gab es demnach sechzehn Tests, ebenso viele wie 2016. So viele Raketenversuche gab es noch nie zuvor in der Geschichte Nordkoreas. In den Jahren zuvor lag die Zahl der Test zwischen null (2011) und elf (2014). Die Tatsache, dass ausgerechnet 2016 und 2017 so viele Raketenversuche stattfanden, ist ein weiterer Beleg für das, was Nordkoreas ehemaliger Spitzendiplomat Thae Yong-ho bei unserem Treffen in Seoul gesagt hat: Kim Jong-un wollte das strategische Vakuum vor und nach den Präsidentschaftswahlen in den USA und Südkorea nutzen, um möglichst schnell bei der Entwicklung von Nordkoreas Massenvernichtungswaffen voranzukommen. Dabei scheint das Land enorme Fortschritte bei der Reichweite und insgesamt bei der Technologie der Raketen zu machen. Anfang September 2017 unternahm Nordkorea zudem den insgesamt sechsten Atomwaffentest. Die Explosion in einem tief unter der Erde liegenden Tunnel des Testgeländes im

Nordosten des Landes war offenbar um ein Vielfaches stärker als die vorherigen Tests.

Man weiß das alles, weil diese Tests akribisch ausgewertet werden, insbesondere von den Nachbarländern und den USA. Unterirdische Atomwaffentests verursachen so starke Schockwellen in der Erde, dass sie wie ein Erdbeben erscheinen. In der chinesischen Stadt Longjing, in der Nähe der Grenze zu Nordkorea, etwa bebte die Erde beim sechsten Atomtest so stark, dass Bewohner verängstigt auf die Straße rannten. Diese Erdstöße kann man sogar noch in Deutschland messen, zum Beispiel bei der Bundesanstalt für Geowissenschaften und Rohstoffe (BGR) in Hannover. Die Experten dort schließen dann aus der Stärke der Erdstöße sogar darauf, wie groß die Explosionskraft der getesteten Atombombe war.

Auch die Flugbahn von Nordkoreas Testraketen wird genau ausgewertet. Meistens schießt Nordkorea sie in einem ungewöhnlich steilen Winkel in den Himmel, damit die Raketen dort wieder herunterfallen, wo die japanische See besonders tief ist und wo amerikanische oder japanische Taucher deren Überreste nur schwer bergen können. Aber die Experten können von der Höhe, die die Rakete erreichte, Rückschlüsse darauf ziehen, wie weit sie bei einem normalen Abschusswinkel geflogen wäre, also welche Reichweite sie in Wahrheit haben könnte. Und bei seinen Militärparaden lässt Pjöngjang nicht nur Tausende Soldaten im Stechschritt aufmarschieren, es führt auch seine Raketen auf schweren Transportern vor, die dann den Kim-Il-sung-Platz beben lassen. So wie an jenem Herbsttag 2015, als ich diese Raketen bei einer Militärparade zum siebzigsten Geburtstag von Nordkoreas Arbeiterpartei in Pjöngjang zum ersten Mal gesehen habe. Auch dieser Waffenaufmarsch wird genau ausgewertet. Es ist erstaunlich, wie viel Militärexperten dabei herauslesen und in Erfahrung bringen können.

Neben den Propagandabildern von Raketentests, die das Staatsfernsehen verbreitet, gibt es also auch jede Menge Fakten und gut belegte Annahmen über Nordkoreas Atomwaffen- und Raketenprogramm. Was wissen wir demnach bislang alles über Nordkoreas geheimnisvolles Waffenprogramm? Wie hat es ein verarmtes und isoliertes Land geschafft, ein so weitreichendes Atom- und Raketenprogramm aufzubauen? Wer hat dem Land dabei geholfen? Wer hat weggeschaut? Woher stammt das Know-how zum Bau der Bombe? Das Bild, das sich dabei ergibt, ist ziemlich beunruhigend.

So hat Nordkorea im Juli und Ende November 2017 insgesamt dreimal erfolgreich Interkontinentalraketen getestet. Aus ihren Flugbahnen lässt sich eine Reichweite von über neuntausend Kilometern ableiten. Damit lägen nicht nur große Teile der USA im Visier, sondern auch Berlin und Frankfurt. Auch bei dem Ziel, möglichst kleine und leichte Atomsprengköpfe zu bauen, ist der Norden offenbar schon weiter als viele Experten bislang glaubten. Das Nordkoreaproblem, das uns oft als so weit weg erscheint, ist uns also in Wahrheit ziemlich nahe gerückt.

Andererseits ist Nordkorea nach Ansicht der meisten Experten noch nicht in der Lage, Atomsprengköpfe vor den gewaltigen Kräften zu schützen, die beim Wiedereintritt in die Erdatmosphäre auftreten. Videoaufnahmen von Japans nördlichster Insel Hokkaido etwa zeigen, dass die zweite Interkontinentalrakete Nordkoreas beim Wiedereintritt in die Atmosphäre auseinanderbrach. Das heißt, ein Atomsprengkopf in der Rakete wäre möglicherweise schon in sehr großer Höhe explodiert. Wie lange wird Nordkorea noch brauchen, um auch dieses Problem zu lösen? Wie weit ist es von Nuklearwaffen entfernt, mit denen es die ganze Welt bedrohen kann?

Nordkorea hat ein riesiges Militär mit einer Truppenstärke von insgesamt 1,2 Millionen Soldaten. Im Verhältnis zur Einwohnerzahl des Landes von rund fünfundzwanzig Millionen hat Nordkorea damit den weltweit größten Militärapparat. Aber diese riesige Armee ist längst nicht mehr der Kern von dem, was Nordkorea als seine militärische Stärke betrachtet. Die Militärparade zum Jubiläum der Arbeiterpartei hat das ganz deutlich gezeigt.

Vorneweg marschierte da die Infanterie im Stechschritt. Einige Abteilungen hielten Sturmgewehre mit aufgepflanzten Bajonetten vor sich und brüllten einschüchternde Parolen, während sie über den Kim-Il-sung-Platz zogen. Nach den Fußsoldaten folgten Militärfahrzeuge und Panzer. Ihre Ketten knirschten und quietschten über das Pflaster, in der Luke des Geschützturms stand ein streng salutierender Panzerkommandant. Aber es war offensichtlich, dass das zum großen Teil veraltetes Kriegsgerät war. Vieles schien aus den frühen Jahren des Kalten Kriegs zu stammen, als Nordkorea von China und der Sowjetunion massiv aufgerüstet wurde. Sogar sowjetische T34-Panzer, die im Koreakrieg zum Einsatz gekommen waren, fuhren auf.

Dann kam Nordkoreas Luftwaffe, deren Maschinen in der Luft so nebeneinander flogen, dass sie die Zahl »siebzig« für das Parteijubiläum formten. Das sah von weitem beeindruckend aus. Aber als die Flugzeuge näher kamen, erkannte ich, dass es Doppeldeckermaschinen waren. Antonow An-2, um genauer zu sein, die in der Sowjetunion nach dem Zweiten Weltkrieg entwickelt wurden. Nordkorea würde sie vermutlich nutzen, um Spezialkräfte hinter gegnerischen Linien abzusetzen. Trotzdem schienen mir die Doppeldecker wie ein Symbol für den Stand von Nordkoreas Luftwaffe. Der größte Teil der Maschinen ist veraltet. Ein Bericht des US-Verteidigungsministeriums aus dem Jahr 2015 geht davon aus, dass die gefährlichsten Waffen von Nordkoreas Luftwaffe »ihre MiG29 sind, die sie Ende der achtziger Jahre aus der Sowjetunion bekamen, sowie MiG23 und die SU-25 für den Bodenkampf«. Gut dreißig Jahre alte Flugzeuge also als Avantgarde von Nordkoreas Luftwaffe. Das Pentagon kommt deshalb zu dem wenig überraschenden Schluss, dass Nordkoreas Luftwaffe technisch unterlegen ist.

Die Militärparade in Pjöngjang offenbarte in diesem Augenblick, da die Antonows über uns hinwegtuckerten, einen eigenartigen Widerspruch. Die schiere Zahl der Stechschritt-Truppen und der Zuschauer, das vielhundertfache Parolenbrüllen beim Vorbeimarschieren, das über den weiten Platz hallte – das alles machte einen bedrohlichen Eindruck. Aber ich musste die ganze Zeit an eine andere Militärparade denken, die ich ein paar Wochen zuvor verfolgt hatte. Zum siebzigsten Jubiläum des Endes des Zweiten Weltkriegs in Asien ließ China seine Truppen auf dem Platz des Himmlischen Friedens in Peking aufmarschieren. Der Unterschied zwischen Peking und Pjöngjang könnte, was das militärische Gerät angeht, kaum größer sein. China hat in den letzten Jahren massiv aufgerüstet und sein Verteidigungsbudget dank seiner enormen wirtschaftlichen Stärke 2015 um zehn Prozent sowie 2016 und 2017 jeweils um rund sieben Prozent erhöht. Was da über den Platz des Himmlischen Friedens rollte, war modern und machtvoll. Und die Formation flog Chinas Luftwaffe an jenem Tag natürlich mit neuentwickelten Kampfjets und nicht mit Propellermaschinen.

Aber die Parade in Pjöngjang war noch nicht zu Ende. Im Gegenteil, sie näherte sich jetzt ihrem Höhepunkt. Nun folgten Lastwagen mit mobiler Artillerie, mit modernen Raketenwerfern. Viele von ihnen sind an der Demilitarisierten Zone, an der Grenze zu Südkorea, stationiert und können Seoul leicht erreichen. Sie sind in der Lage, Südkoreas Hauptstadt binnen kurzer Zeit in Schutt und Asche zu legen.

Heranmarschiert kam nun auch eine Truppe Soldaten, die vor der Brust eine Art Rucksack trug. Darauf war das gelbschwarze Zeichen für Radioaktivität zu sehen. Es hatte, wie so oft in Nordkorea, etwas schräg Theatralisches, wie die Soldaten da im Stechschritt drohend das Nuklearzeichen vor sich hertrugen. Dahinter aber folgten Lastwagen mit Raketen, die nach und nach immer größer und länger wurden. Es war klar: Das war das eigentliche Herzstück von Nordkoreas militärischer Stärke. Nordkoreas Bedrohung ging von dem aus, was da auf mehrachsigen Lastern daherrollte. Seinen Raketen, seinen Atomwaffen. Vor allem Militärexperten außerhalb Nordkoreas, für die die Parade einen seltenen Einblick in die militärische Stärke des Landes darstellte, interessierten sich dafür.

Hoch über der Parade, auf einem Balkon, stand Kim Jong-un und beobachtete den Aufmarsch seiner gefährlichsten Waffen. Das passte ins Bild. Als Vorsitzender des Komitees für Staatsangelegenheiten, Oberbefehlshaber der Koreanischen Volksarmee und Vorsitzender der Zentralen Militärkommission hat er die alleinige Kontrolle über das Militär – und damit natürlich auch über Nordkoreas Nuklearwaffen. Im April 2013 verabschiedete Nordkorea ein »Gesetz zur Festigung der Position als Atommacht«. Es ist wie eine gesetzliche Grundlage für das Atomwaffenprogramm. Und es macht deutlich, dass Nordkorea dieses Programm keinesfalls aufgeben wird. In dem Gesetz heißt es unter anderem, dass die Nuklearwaffen des Landes nur auf Befehl des »obersten Führers«, also Kim Jong-uns, eingesetzt werden dürfen, um eine Invasion oder den Angriff eines anderen Atomwaffenstaats zurückzuschlagen, sowie für Vergeltungsschläge. Das ist letztlich eine ziemlich weite Formulierung, die für andere Staaten sicher wenig beruhigend klingt. Sie zeigt aber, wie sehr der Bau der Bombe im Zentrum der Politik Nordkoreas steht, wie sehr dieser Bau quasi Staatsräson geworden ist.

Die Dramaturgie der Militärparade in Pjöngjang machte aber noch etwas anderes deutlich. Zu sehen war da im Grunde die Militärstrategie Nordkoreas. In der Juche-Ideologie steht die nationale Eigenständigkeit im Zentrum, und das prägt auch die Verteidigungspolitik. In der Verfassung Nordkoreas ist von einer »selbständigen Verteidigung« die Rede, davon, dass das Land zu einer Festung ausgebaut werden müsse. Alles ist daher auf militärische Stärke ausgerichtet, auf jene Songun-Politik, die das Militär an die erste Stelle hebt. Die Bewaffnung der Soldaten im Stechschritt, die Panzer und die Luftwaffe mögen veraltet sein, aber sie sind ebenso Kern dieser Politik wie die Atomwaffen. Sie stehen für die Strategie des Blitzkriegs, des schnellen Überfalls mit konventionellen Truppen auf Südkorea. Oder für einen Guerillakrieg mit den etwa zweihunderttausend Spezialkräften. Nordkorea weiß sehr genau um seine militärischen Unzulänglichkeiten, aber die schiere Masse dieser Truppen kann enormen Schaden verursachen. Und deshalb ist es nicht verwunderlich, dass Südkoreas Militär in einem Strategiepapier genau vermerkt, dass der Norden siebzig Prozent seiner Bodentruppen im Süden des Landes stationiert hat. Südkorea und die USA haben darauf reagiert und selbst einen großen Teil ihrer Truppen in die

Nähe der Grenze verlegt. Die sogenannte Demilitarisierte Zone ist deshalb genau das Gegenteil: eine der am schwersten bewaffneten und damit gefährlichsten Regionen der Welt.

Daneben hat sich Nordkorea auf etwas verlegt, was Militärs eine asymmetrische Kriegsführung nennen. Es bedeutet, dass Nordkorea zwar militärisch in den meisten Bereichen Südkorea und insbesondere den USA unterlegen ist. Dass es aber in bestimmten Bereichen seinem Gegner mit vergleichsweise wenig Aufwand gravierende Verluste beibringen kann. Nordkorea verfügt über ein gefährliches Arsenal von biologischen und insbesondere chemischen Waffen. Es kann damit auch seine Artillerie bestücken, die an der Grenze zu Südkorea eingebunkert steht und Seoul im Visier hat. Wie gefährlich dieses Arsenal ist und dass Nordkorea darüber ganz offensichtlich verfügt, das hat die Ermordung von Kim Jong-nam, des Halbbruders von Kim Jong-il, mit dem Nervengift VX noch einmal sehr deutlich gemacht.

Nordkorea hat zudem eine Cyberarmee von Hackern, die zum größten Teil außerhalb von Nordkorea arbeitet und Unternehmen und Infrastrukturen anderer Länder angreifen und lahmlegen kann. Und die außerdem mit digitalen Bankraubzügen das Regime mit dringend benötigten Devisen versorgt. Die Gefahr, dass der Gegner zurückschlägt und Nordkorea selbst zum Opfer eines Cyberangriffs wird, ist gering. Nordkoreas rückständige Internetanbindung schützt es in diesem Fall.

Die wichtigste Form der asymmetrischen Kriegsführung aber, das bestimmende Element von Nordkoreas Verteidigungsdoktrin, sind Nuklearwaffen und Raketen, mit denen diese an ihr Ziel gebracht werden sollen. Das Streben nach der Atombombe hat schon unter Kim Jong-uns Großvater Kim Il-sung begonnen. Dabei hat sogar die DDR als damals sozialistisches Bruderland eine Rolle gespielt. Im Sommer 1963 notierte der Botschafter der Sowjetunion in Nordkorea ein Gespräch mit seinem ostdeutschen Kollegen in Pjöngjang, in dem dieser ihm erzählte, die Nordkoreaner haben ihn angesprochen. Sie seien interessiert an jeder Art von Informationen zu Atomwaffen und Atomkraft, die sie von ostdeutschen Universitäten und Forschungsinstituten bekommen können. So steht es in den Akten des russischen Außenministeriums, die in einer Dokumentensammlung zur Geschichte des Kalten Kriegs vom amerikanischen Wilson Center veröffentlicht wurden. Dass der Gesandte der DDR umgehend die Sowjetunion informierte, zeigt, dass Nordkorea mit seiner Bitte erst einmal wenig Erfolg hatte. Die Sowjetunion war nicht bereit, Atomwaffen weiterzugeben. Es galt das Prinzip der Atommächte, ihren Kreis klein zu halten. Und so blitzte Kim Il-sung mit seinen Bitten sowohl in Moskau als auch in Ostberlin zunächst ab.

Allerdings erhielt Nordkorea schon seit den Fünfzigerjahren Unterstützung bei der friedlichen Nutzung von Atomenergie. Nordkoreaner studierten an sowjetischen Universitäten und Forschungsinstituten. Mitte der Sechzigerjahre baute Nordkorea in Yongbyon etwa einhundert Kilometer nördlich von Pjöngjang mit sowjetischer Hilfe ein nukleares Forschungszentrum, dessen Kernstück ein sowjetischer Forschungsreaktor war. Bis 1973 erhielt Nordkorea außerdem Brennstäbe für den Reaktor aus der Sowjetunion, die bis zu zehn Prozent mit spaltbarem Uran angereichert waren.

Das Wissen, das Nordkorea dabei erlangt hat, scheint die Ambitionen nur weiter angestachelt zu haben. So berichtet der sowjetische Botschafter ebenfalls 1963 von einem Gespräch mit einem nordkoreanischen Ingenieur, der wissen wollte, ob sein Land aus Sicht der Sowjetunion nicht doch in der Lage sein könne, eine Atombombe zu bauen. Nein, so die Antwort von Moskaus Diplomaten, das würde Nordkoreas Wirtschaft überfordern. Aber das überzeugte den Ingenieur offenbar wenig. Er war vielmehr der Ansicht, dass die Entwicklung von Atomwaffen in Nordkorea viel billiger sei. »Wenn wir unseren Arbeitern sagen, dass wir diese Aufgabe angehen, dann werden sie bereit sein, mehrere Jahre ohne Lohn zu arbeiten«, zitiert ihn Moskaus Gesandter in seinem Bericht.

Der Rohstoff für eine Atombombe ist Uran, und Nordkorea verfügt tatsächlich über eigene Vorkommen. Etwa zur gleichen Zeit, als der nordkoreanische Ingenieur über eine eigene Atombombe spekulierte, waren sowjetische Ingenieure in Nordkorea unterwegs, um die Uranvorkommen dort zu untersuchen. Sie waren nicht sehr beeindruckt und berichteten ihrem Botschafter in Pjöngjang, dass die Förderung und Verarbeitung des Urans aus ihrer Sicht extrem teuer sei. Für die Sowjetunion waren Nordkoreas Vorkommen deshalb nicht interessant, es hatte andere Quellen. Die Nordkoreaner aber versuchten fortan, das Uran zu fördern, was ihnen nach Jahren auch gelang. Sie verfügen inzwischen über zwei Minen und zwei Anlagen zur Weiterverarbeitung des Urans zum sogenannten Yellowcake, dem Ausgangsstoff für die Herstellung von Brennelementen in Reaktoren oder für die Anreicherung zu waffenfähigem Uran.

Wie sehr das Ziel einer Atombombe schon in den Siebzigerjahren Pjöngjangs Politik geprägt hat, offenbart ein anderes Gespräch von nordkoreanischen Diplomaten mit ihren ungarischen Kollegen 1976 in Budapest. Die Nordkoreaner erklärten, dass aus ihrer Sicht Korea nicht auf friedliche Weise vereinigt werden könnte. Nordkorea wäre bereit zum Krieg.

Falls es dazu käme, würde dieser Krieg eher mit Atomwaffen als mit konventionellen Waffen geführt. Nordkorea wäre darauf vorbereitet. Es besäße inzwischen atomare Sprengköpfe und Trägersysteme, die die großen Städte von Südkorea und Japan wie Seoul, Tokio und Nagasaki ebenso im Ziel hätten wie die Militärbasis Okinawa. Letztere war schon damals der wichtigste Stützpunkt der US-Truppen in Japan. Die Nordkoreaner behaupteten, sie hätten ihre Atomwaffen ohne Hilfe von außen selbst entwickelt und gebaut.

Das war, nach allem, was man heute weiß, Aufschneiderei. Ein Bluff, wie ihn Nordkorea oft anwendet, um das eigene Land bedrohlicher und mächtiger erscheinen zu lassen. Nordkorea war damals noch weit davon entfernt, selbst Atomwaffen entwickeln zu können. Aber erstaunlich ist doch, dass in diesem Gespräch vor gut vierzig Jahren genau jene Punkte schon vorkommen, die auch heute den Nordkoreakonflikt prägen und ihn zur gefährlichsten Krise der Welt machen: der Poker mit dem Atomkrieg, die Drohung gegenüber Südkorea, Japan und den USA.

Nordkorea hat sich selbst immer umgeben von Atommächten gesehen: im Westen China, im Norden Russland, im Osten und Süden die USA. Aus nordkoreanischer Sicht erschienen insbesondere die USA und Südkorea als Bedrohung. Tatsächlich hat Südkorea in den Sechzigerjahren versucht, ein eigenes Atomwaffenprogramm aufzubauen. Das wurde aber von Washington unterbunden, weil es keine Ausweitung der Anzahl der Atommächte wollte. Bis in die Neunzigerjahre hinein waren in Südkorea Atomraketen der US-Streitkräfte stationiert. Sie wurden dann von der koreanischen Halbinsel abgezogen, weil die nukleare Abschreckung inzwischen auch von anderen Standorten der USA in Asien möglich war.

Nordkorea versuchte selbst auf zwei Wegen, an das Material zu kommen, das man für den Bau von Atombomben braucht. Der erste war die Herstellung von Plutonium, das zum Beispiel bei der amerikanischen Atombombe zum Einsatz kam, die im August 1945 über Nagasaki abgeworfen wurde. Beim Betrieb von Kernreaktoren entsteht in den Brennelementen aus Uran Plutonium, das dann in Wiederaufarbeitungsanlagen aus den abgebrannten Brennstäben gewonnen werden kann. Schon Mitte der Siebzigerjahre modernisierte Nordkorea den sowjetischen Forschungsreaktor in Yongbyon und begann mit dem Bau eines weiteren Reaktors. Beide sollten offenbar dem Zweck dienen, Plutonium zu produzieren.

Der zweite Weg war die Anreicherung von Uran, zum Beispiel in Zentrifugen. Nordkorea fördert aus seinen Minen Natururan, das nur zu einem kleinen Anteil jene Form von Uran enthält, die in Atombomben genutzt wird. Es ist ein ziemlich komplizierter Prozess, aus diesem natürlich vorkommenden Uran den Rohstoff für eine Atombombe zu gewinnen. Man nutzt dafür sogenannte Gaszentrifugen, in denen die verschiedenen Varianten von Uran nach ihrem unterschiedlichen Gewicht getrennt werden. Ähnlich wie bei der Gewinnung von Plutonium verfügte Nordkorea alleine weder über die Ressourcen noch die Fähigkeiten für dieses Verfahren, sondern war auch hier auf Hilfe aus dem Ausland angewiesen. Diesmal war es nicht die Sowjetunion, sondern Pakistan, das Nordkorea in noch viel unmittelbarerer Weise half.

Pakistans Premierminister Zulfikar Ali Bhutto hatte Mitte der Siebzigerjahre in Peking bei Mao Zedong nachgefragt, ob China nicht beim Bau einer Atombombe helfen könne. Bhutto war beunruhigt, weil das verfeindete Indien gerade Atomtests durchgeführt hatte. Auch China war mit Indien verfeindet und hatte ein paar Jahre zuvor wegen Gebieten in der Himalaya-Grenzregion sogar Krieg gegen das Land geführt. Mao war deshalb bereit, Pakistan bei der Entwicklung einer Atombombe zu helfen. Ende der Neunzigerjahre war Pakistan dann selbst so weit, eine eigene Atombombe zu testen. Und einer seiner wichtigsten Atomingenieure, A. Q. Khan, lieferte nun den Nordkoreanern, was die an Anlagen und Zubehör zum Bau einer Bombe brauchten. Dabei ging es vor allem um Ausrüstung und Know-how zum Bau von Zentrifugenanlagen zur Anreicherung von Uran. Es war ein reges Geschäft, das erst 2003 aufflog.

Inwieweit China von der pakistanischen Unterstützung für Nordkoreas Atomprogramm wusste, ist umstritten. Konnte Peking wirklich entgehen, dass da über Jahre ein reger Handel zwischen Pjöngjang und Islamabad ablief? Dass die Nordkoreaner im Gegenzug für das Bomben-Know-how den Pakistanis ihr Raketenwissen lieferten? Dass die Nordkoreaner einmal sogar ganze Raketenteile per Transportflugzeug nach Pakistan lieferten? Während die offizielle Politik Pekings stets war, dass der Atomwaffensperrvertrag einzuhalten sei, muss das Land bei diesen Schattengeschäften offenbar weggeschaut haben. Möglicherweise war Peking zumindest eine Zeitlang der Ansicht, eine atomare Aufrüstung in Nordkorea könne die Machtbalance mit Südkorea und den USA zu Chinas Vorteil verändern.

Wie weit Nordkorea tatsächlich beim Bau von Zentrifugen und damit bei der Herstellung von waffenfähigem Uran gekommen war, zeigte sich spätestens 2010: Eine US-Delegation besuchte damals Yongbyon, und die Nordkoreaner führten ihr stolz eine neuerrichtete Anlage zur Anreicherung von Uran vor. Die Amerikaner beschrieben das, was sie zu sehen bekamen, als »moderne, kleinindustrielle Anlage«, die anders als die meisten Nuklearanlagen Nordkoreas »ultramodern und sauber« gewesen sei.

Es war einer jener Momente, in denen Nordkorea der Welt deutlich machen wollte, wie weit es beim Bau der Bombe schon gekommen war. Einer jener Momente, in denen sich der Vorhang kurz hob und die Welt darüber erschrak, was da zum Vorschein kam. Denn diese Anlage in Yongbyon bedeutete nichts weniger, als dass Nordkorea in der Lage war, Spaltmaterial für Atombomben aus Uran zu gewinnen. Dass es seinem Ziel, eine Atommacht zu werden, also schon nähergekommen war, als viele glaubten.

Nordkorea hat inzwischen weitere dramatische Fortschritte bei der Entwicklung von Atombomben gemacht. Während die Forschungsreaktoren in Yongbyon in den Zweitausenderjahren eine Zeitlang stillstanden und Teile der Anlage im Rahmen von Abrüstungsverhandlungen sogar abgerissen wurden, ist die Anlage seit 2013 wieder in Betrieb – als Teil von Kim Jong-uns beschleunigtem Waffenprogramm. Ein weiterer Reaktor befindet sich nach Erkenntnissen von Waffenexperten derzeit im Bau. Im radiochemischen Labor von Yongbyon wurden in den letzten Jahren mehrere Kilogramm Plutonium aus Brennstäben der Reaktoren gewonnen. Die Zentrifugenanlage in Yongbyon, die 2010 entdeckt wurde, ist in den vergangenen Jahren noch einmal erheblich ausgebaut worden und nimmt heute die doppelte Fläche ein. Experten befürchten, dass es daneben noch eine weitere, bislang unbekannte Anlage geben könnte. Die Auswertung von Satellitenbildern zeigt nach Ansicht von Wissenschaftlern, dass die Uranminen sowie die Verarbeitungsanlagen ausgebaut und modernisiert wurden. Daneben gibt es in Yongbyon eine Reihe weiterer Anlagen und Gebäude, die ganz offensichtlich für den Bau von Atombomben genutzt werden. So etwa eine Anlage für Graphit, das beim Betrieb der Reaktoren hilft, Plutonium zu produzieren. Oder Anlagen, die Tritium oder Lithium 6 herstellen, Materialen, die beim Bau von Wasserstoffbomben benötigt werden.

All diese Anlagen konnte Nordkorea nicht alleine bauen. Es erhielt Wissen, Unterstützung und Bauteile von außerhalb des Landes. Die Geschichte der Bombe ist also auch in Nordkorea eine Geschichte der Weitergabe des Wissens um die gefährlichste Waffe der Welt. Eine Geschichte der Komplizenschaft und aktiven Unterstützung und des Wegschauens oder Ignorierens. Nordkorea selbst jedenfalls war immer sehr erfinderisch darin, an die Dinge zu gelangen, die es für den Bau der Bombe brauchte.

Der ehemalige UN-Waffeninspekteur David Albright kommt in Studien zu dem Schluss, dass Nordkorea inzwischen über dreiunddreißig Kilogramm Plutonium verfügt sowie über 175 bis 645 Kilogramm waffenfähiges Uran. Die Menge an Plutonium kann man recht genau schätzen, weil man sie aus dem Betrieb der Reaktoren ableiten kann. Und dieser Betrieb ist über Satelliten nachweisbar. Die große Bandbreite bei der Uranschätzung erklärt sich daraus, dass es wesentlich schwieriger ist, von außen eine Vorstellung davon zu bekommen, wie viel Uran in den Zentrifugenanlagen angereichert wurde. Die Produktion findet in abgeschlossenen Hallen statt, in die man nicht so einfach hineinschauen kann, und äußerliche Merkmale der Tätigkeit dieser Zentrifugen gibt es nicht. Außerdem ist nicht klar, ob es noch eine weitere Anlage neben der in Yongbyon gibt.

Diese Mengen an Plutonium und waffenfähigem Uran

bedeuten jedenfalls nach der Einschätzung von Albright, dass Nordkorea Ende 2016 über dreizehn bis dreißig Atomwaffen verfügte. Auch hier ergibt sich die Bandbreite vor allem aus der Unsicherheit darüber, wie viel waffenfähiges Uran Nordkorea erzeugen konnte. Albright geht davon aus, dass Nordkorea mit seinen Anlagen in der Lage sei, sein Atomwaffenarsenal jedes Jahr um drei bis fünf Bomben auszubauen. Bis 2020 könnte das Land so über genug Plutonium und waffenfähiges Material für fünfundzwanzig bis fünfzig Atombomben verfügen. Sollte der derzeit im Bau befindliche Reaktor in Betrieb gehen, könnte sich diese Zahl noch weiter erhöhen.

Offen ist allerdings immer noch, ob Nordkorea in der Lage ist, eine Wasserstoffbombe zu bauen. Die Explosionskraft von Wasserstoffbomben übertrifft die von Atombomben um ein Vielfaches. Das Verfahren ist aber weitaus komplizierter und technisch anspruchsvoller. Bei einer Atombombe werden Plutonium- oder Urankerne gespalten, die dabei frei werdende Energie erzeugt die Sprengkraft. Dagegen kommt es bei einer Wasserstoffbombe zur Fusion von Atomkernen des Elements Wasserstoff. Damit diese Verschmelzung überhaupt erreicht wird, müssen sehr hohe Temperaturen und sehr hoher Druck erreicht werden. Wasserstoffbomben sind deshalb in der Regel zweistufig aufgebaut. Eine Atombombe funktioniert quasi als Zünder und sorgt für die Kernfusion. Dabei werden in der Bombe die Wasserstoffisotope Deuterium und Tritium so stark zusammengepresst und verdichtet, dass sie verschmelzen und dabei enorme Energiemengen freisetzen.

Pjöngjang hatte beim vierten Atomtest im Januar 2016 und dem sechsten im September 2017 behauptet, Wasserstoffbomben gezündet zu haben. Beim ersten waren sich Experten in Südkorea, Japan und den USA einig, dass die Sprengkraft bei diesem Test zu gering war. Immerhin aber fand dieser Versuch nach Erkenntnissen des Waffenexperten Albright in siebenhundert bis achthundert Metern Tiefe statt, das war etwa doppelt so tief wie bei früheren Tests. Es kann also sein, dass die Nordkoreaner mit einer höheren Sprengkraft rechneten, der Test allerdings nicht so klappte wie erwartet. Der Versuch im September 2017 dann übertraf alle vorangegangenen Versuche um ein Vielfaches. Die geschätzte Detonationskraft lag bei einhundert bis einhundertfünfzig Kilotonnen, während bei früheren Tests höchstens fünfzehn Kilotonnen erreicht worden waren. Zum Vergleich: Die Atombombe, die die USA über Hiroshima gezündet haben, hatte eine Sprengkraft von fünfzehn Kilotonnen. Aber auch in diesem Fall gehen Experten bislang davon aus, dass es sich nicht um eine zweistufige Wasserstoffbombe handelte.

Klar ist, dass der Bau einer solchen Wasserstoffbombe das erklärte Ziel Nordkoreas ist. Damit ließe sich ein Sprengkopf bauen, der klein genug wäre, um auf eine Interkontinentalrakete montiert zu werden. Es gibt zwei Bilder, die das deutlich machen. Auf beiden ist Kim Jong-un zu sehen, wie er mit nordkoreanischen Wissenschaftlern Sprengköpfe inspiziert. Die erste Aufnahme zeigt eine silbrig glänzende Kugel mit einem Umfang von gut sechzig Zentimetern, von der schwarze Kabel abgehen. An der Spitze sieht man einen kreisrunden Flansch, möglicherweise, um den Sprengkopf in der Raketenspitze zu befestigen. Nordkoreas Nachrichtenagentur hat das undatierte Foto mit dem Hinweis veröffentlicht, es handele sich um den Sprengkopf einer Wasserstoffbombe. Ob das stimmt, lässt sich nur schwer nachprüfen. Möglicherweise ist aber dieser Sprengkopf in seiner Bauweise noch zu groß für eine Rakete. Auf dem zweiten Bild, das Nordkorea am Tag des sechsten Atomtests veröffentlichte, ist Kim Jong-un zu sehen, wie er einen konischen, grauen Sprengkopf besichtigt. Auch das soll eine Wasserstoffbombe sein, aber sie ist im Design deutlich kleiner und wegen ihrer länglichen Form vermutlich leichter auf Raketen zu montieren.

Es ist nicht sicher, ob es sich auf beiden Bildern wirklich um Sprengköpfe handelt. Nordkorea versteht sich seit jeher eben auch auf die Kunst der Täuschung und weiß ganz genau um den propagandistischen Effekt, den solche Fotos auslösen. Aber alles, was wir über Nordkoreas Atomprogramm wissen, erscheint auch so schon als gefährlich genug.

Wer diejenigen sind, die in Nordkorea an der Bombe bauen, davon konnte man sich inzwischen ein Bild machen. Ein paar Tage nach dem sechsten Atomwaffentest lud Kim Jong-un zu einer großen Feier in Pjöngjangs Konzerthalle. Es war ein Fest vor allem für diejenigen, die an diesem Atomtest mitgearbeitet hatten. Dem Publikum nach zu schließen, waren das fast nur Männer, die an ihren blauen Jacketts sehr viele Orden trugen. Direkt neben Kim sah man auf den Bildern immer wieder zwei Männer: Hong Sung-mu, den stellvertretenden Rüstungsminister, und Ri Hong-sop, den Leiter des Instituts für Nuklearwaffen. Es sind genau die beiden, die auch auf den gerade beschriebenen Fotos mit den Atomsprengköpfen zu sehen sind. Kim hält Ris Hand, während das Publikum ihnen zujubelt. Und er lacht, als wüsste Nordkoreas Machthaber genau, wie sehr der Bestand seines Regimes und seiner Herrschaft von Ri und dessen Mitarbeitern abhängt.

Ähnlich wie beim Bau der Bombe war Nordkorea bei den Raketen auf ausländische Hilfe angewiesen. Und auch hier sind viele Fragen offen, weil Pjöngjang sein Raketenprogramm mit der gleichen Geheimhaltung betreibt wie sein

Nuklearprogramm. Es geht hier ebenfalls um die dunklen Waffengeschäfte zwischen Mittelsmännern, nordkoreanischen Diplomaten und anderen Schurkenstaaten und Diktaturen.

Sicher scheint, dass Nordkoreas Raketenprogramm mit sowjetischen Scud-B-Raketen begann, die das Regime von Ägypten Ende der Siebziger- oder Anfang der Achtzigerjahre kaufte. Scud-B sind Kurzstreckenraketen mit einer Reichweite von etwa dreihundert Kilometern. Nordkoreas Ingenieure zerlegten die Rakete und bauten sie dann ab Mitte der Achtzigerjahre als eigene Rakete nach. Diese sogenannte Hwasong-5 verkaufte Nordkorea auch an andere Länder. Nach dem gleichen Prinzip entwickelte Nordkorea dann Ende der Achtzigerjahre auf der Grundlage der Scud-C mit einer Reichweite von etwa siebenhundert Kilometern die eigene Hwasong-6. Die sowjetische Scud-Technologie war für Nordkorea quasi die Blaupause für sein eigenes Raketenprogramm. Auf dieser Grundlage entstand auch Nordkoreas Mittelstreckenrakete No Dong 1 mit einer Reichweite zwischen 1200 und 1500 Kilometern. Diesen Typ verkaufte Nordkorea offenbar auch dem Iran, der daraus die Shabab-3-Rakete entwickelte, und an Pakistan, das auf dieser Grundlage die Ghauri baute.

Beim Bau dieser Raketen erhielt Nordkorea ganz offensichtlich Unterstützung von sowjetischer beziehungsweise russischer sowie von chinesischer Seite. Ob mit oder ohne Wissen von Moskau und Peking lässt sich schwer sagen. Aber die Technologie in den Raketen zeigt, dass es auch hier massive Nachhilfe gab und Bauteile zum Beispiel auch aus neueren russischen Mittelstreckenraketen verbaut wurden.

Eigentlich reicht oft schon allein der Blick auf eine der Militärparaden, die Nordkorea in regelmäßigen Abständen präsentiert, um zu sehen, wie sehr Russland und China ganz offensichtlich Nordkorea bei der Aufrüstung unterstützt haben müssen. Im April 2017 etwa fuhren da Laster mit riesigen Containern für Interkontinentalraketen auf, die an russische Topol oder chinesische DF-31 erinnerten, Kurzstreckenraketen zur Abwehr von Schiffen auf der Basis der sowjetischen Scuds, Luftabwehrsysteme auf Panzern, die ebenfalls auf russischen Plänen beruhten, sowie russische Luftabwehrraketen vom Typ S-200 und S-300 sowie chinesische FT-2000.

Aber die Unterstützung scheint noch viel weiter zu gehen und betrifft auch nach wie vor die eigentliche Forschung und Entwicklung von Raketen, mit denen Nordkorea die Welt bedroht. Das hat sich an einem kalten Wintermorgen Anfang Februar 2016 gezeigt. Nordkorea hatte zuvor angekündigt, es werde einen Satelliten ins All schießen, den es »Kwangmyongsong 4«, zu Deutsch »Hellleuchtender Stern 4«, nannte. Offiziell sollte dieser leuchtende Stern, der mit zwei Kameras und Solarzellen ausgestattet war, der Erdbeobachtung dienen. Der eigentliche Zweck aber war offensichtlich, eine Interkontinentalrakete zu testen.

Nordkorea hatte bereits Ende 2012 einen Satelliten ins All gebracht, »Hellleuchtender Stern 3«. Es gibt Bilder vom Start, die eine gut dreißig Meter hohe Trägerrakete zeigen, die mit einem großen Feuerstrahl entlang eines hohen Startgerüsts abhebt, wie man es auch von Raketenterminals in anderen Ländern kennt. Diese dreistufige Trägerrakete war eine Unha-3, eine der stärksten Raketen, die Nordkorea bis dahin entwickelt hatte. Die UN-Sanktionen verbieten Nordkorea Raketenabschüsse, selbst wenn es sich wie in diesem Fall angeblich um eine friedliche Mission handelt. Im Westen aber vermuteten Experten, dass es Pjöngjang weniger um den Satelliten ging als vielmehr darum, die Unha-3 zu testen, da sie als Grundlage für eine Interkontinentalrakete dienen könnte.

Nordkorea hatte in diesem Fall ausnahmsweise sogar mitgeteilt, wo die Raketenteile vermutlich wieder auf die Erde fallen. Aber es schien sich auch bewusst zu sein, dass sich viele für den Aufbau und das Innenleben der Trägerrakete interessieren würden. Deshalb hatten die Ingenieure die Rakete vor dem Start mit Sprengstoff bestückt. Sobald Stufen der Rakete bei dem Flug ausgebrannt waren und zurück Richtung Erde stürzten, zündeten diese Sprengladungen und rissen die Raketenreste in viele Einzelteile. Aber Südkoreas Marine hatte das offenbar erwartet. Ihre Schiffe warteten bereits auf See, und es gelang, so viele Einzelteile der Rakete aus dem Japanischen Meer zu fischen, dass südkoreanische Ingenieure einen erheblichen Teil der Unha-3 rekonstruieren konnten.

Das Ergebnis der Untersuchung überraschte selbst die Experten. Die Außenhülle der Unha-3 war offenbar in Nordkorea gebaut worden. Ihr Innenleben jedoch bestand aus Elektronik, Schaltkreisen, Sendern und Druckmessern, die nach Ansicht der südkoreanischen und amerikanischen Experten nicht aus Nordkorea kamen. Aber wie war das möglich? Wie konnten trotz strenger UN-Sanktionen Raketenbauteile nach Nordkorea gelangen?

In einem Untersuchungsbericht der Vereinten Nationen, der gut ein Jahr nach dem Raketenstart erschien, wird im Detail aufgelistet, woher wichtige Bauteile in der Unha-3 stammten. Kamerafilter in der Rakete trugen eine Seriennummer, die zu einer chinesischen Firma führte, der Beijing East Exhibition High-Tech Technology Co. Ltd. Die Druckmesser wiederum wurden in Großbritannien hergestellt, die an eine ebenfalls chinesische Firma weiterverkauft wurden, die Beijing Xinjianteng Century Technical Technology. Der Fund zeige, so heißt es in dem UN-Bericht, wie extrem wichtig High-End-Komponenten aus dem Ausland für das Atom- und Raketenprogramm Nordkoreas seien.

Das alles sind Belege, dass China und auch Russland einen erheblichen Anteil an Nordkoreas Atom- und Raketenprogramm haben. Nordkorea hätte alleine weder das Wissen noch die Ressourcen, um eigenständig Trägersysteme und Atombomben zu entwickeln. Es hat Hilfe und Unterstützung aus dem Ausland bekommen oder sich geholt.

Inzwischen hat Nordkorea ein breites Arsenal von Raketen entwickelt. Es besitzt nach Einschätzung von Experten Kurzstreckenraketen, die in der Lage sind, fast jeden Landesteil Südkoreas zu erreichen. Darüber hinaus verfügt Nordkorea über Mittelstreckenraketen vom Typ Nodong, die mit einer Reichweite von bis zu 1500 Kilometern Japan erreichen können, sowie über Musudan-Raketen mit Reichweiten von bis zu 4000 Kilometern. Der Test einer Hwasong-15 Ende November 2017 zeigte außerdem, wie weit Nordkorea bei der Entwicklung von Interkontinentalraketen bereits gekommen ist. Die Rakete erreichte bei dem Versuch mit einem besonders steilen Abschusswinkel eine Flughöhe von rund 4400 Kilometern. Das bedeutet bei einer normalen Flugbahn eine Reichweite von rund 13 000 Kilometern. Die Rakete könnte damit die USA und auch Deutschland erreichen. Besonders beunruhigend sind neben den Interkontinentalraketen auch Tests der Nordkoreaner mit Raketen, die von U-Booten aus gestartet werden. Diese sind noch schwerer zu erkennen, als es mobile Abschussanlagen auf Lastwagen sowieso schon sind.

Die Vorstellung, man könne Nordkoreas Atomwaffen durch einen Erstschlag zerstören, wie das in der US-Regierung diskutiert wird, erscheint völlig unrealistisch. Die schiere Anzahl der Raketen ist dafür viel zu groß. Die Abschussanlagen sind so gut versteckt oder eben unter Wasser, dass sie kaum alle auf einmal ausgeschaltet werden können. Und die Gefahr, dass Nordkorea mit einer Atomrakete zurückschlagen kann, ist extrem hoch. Denn mindestens bei den Nodong-Mittelstreckenraketen ist Nordkorea nach Ansicht etwa von David Albright inzwischen in der Lage, Atomsprengköpfe zu bauen, die klein genug für die Raketen sind. Das bedeutet, dass Nordkorea wohl heute schon in der Lage ist, Südkorea und Japan mit einem Atomschlag durch Raketen zu bedrohen.

Und bald schon könnte Nordkorea so weit sein, Atomsprengköpfe auf Interkontinentalraketen zu bauen. Es gibt noch erhebliche technische Probleme für Nordkoreas Wissenschaftler. Der Test im September 2017 hat jedoch gezeigt, dass die Nordkoreaner bei der Verkleinerung der Sprengköpfe vorankommen. Die letzte Hürde wäre dann, die Sprengköpfe so widerstandsfähig zu machen, dass sie die Erschütterungen und die Hitze beim Wiedereintritt in die Erdatmosphäre überstehen. Das könnte schon innerhalb der nächsten ein, zwei Jahre passieren, schätzen Experten aufgrund der bisherigen Fortschritte. Dann wäre Nordkorea da, wo es immer hinwollte. Eine Atommacht, die in der Lage ist, die tödlichste Waffe der Welt überall auf dem Globus explodieren zu lassen.

Es ist eine Schreckensvision, aber sie lässt sich vermutlich nicht mehr aufhalten. Nordkorea hat die Bombe. Man kann das mögen oder nicht: Aber die Vorstellung, man könnte die Uhr wieder auf null stellen und Nordkorea dazu bringen, sein Raketen- und Atomprogramm aufzugeben, scheint irrig. Der Zeitpunkt, da man das vielleicht hätte verhindern können, ist längst vorbei. Das liegt auch daran, dass wir uns viel zu lange damit beruhigt haben, alles sei nur Show und Theater. Jetzt ist der Geist aus der Flasche, und er lässt sich nicht wieder einfangen.

Worum es jetzt gehen muss, ist eher Schadens- und Risikobegrenzung. Ein Einfrieren des Programms, ein Abrüstungsweg. Vor allem aber auch: Verhindern, dass Nordkorea seine gefährlichen Waffen an die Schurkenstaaten dieser Welt weiterverkauft. Genau das hat es in der Vergangenheit gemacht und damit seine notorisch klammen Kassen gefüllt. Raketen gingen nach Iran und Pakistan, Waffen nach Afrika und Syrien. Was, wenn Nordkorea das Design für einen tragbaren Atomsprengkopf oder für eine Kurzstreckenrakete weiterverkauft? Die Weitergabe von Atomwissen ist eine Konstante in der Geschichte der Bombe. Und es ist bis heute eine Gefahr, die übersehen wird. Wer nach Nordkorea reist, das Land von innen sieht, kann sich schon eher vorstellen, warum dies hier eine sehr reale Gefahr ist.

KAPITEL 4

IN NORDKOREA – EIN BLICK HINTER DIE KULISSEN

Seit über einer Stunde schon marschieren Tausende Studenten mit ihren Fackeln in wechselnden Formationen über Pjöngjangs Kim-Il-sung-Platz. Sie brüllen patriotische Parolen im immer gleichen Staccatorhythmus in den mit Regenwolken verhangenen Nachthimmel. Hinter ihnen, am anderen Ende des Platzes, liegt der Taedong-Fluss, vor ihnen sind Zuschauerränge mit Offizieren in Reih und Glied, die merkwürdig überdimensionierte Militärmützen tragen, darüber ist ein Balkon, auf dem am Mittag noch Kim Jong-un gestanden hat. Jetzt ist der Balkon leer, Nordkoreas Diktator verfolgt den Massenaufmarsch der Fackeln offenbar am Fernseher.

Plötzlich entladen sich die Wolken, es beginnt heftig zu regnen. Die Studenten brüllen weiter, die weißen Hemden kleben schon am Körper, dicke Regentropfen laufen über ihre Gesichter, aber die Fackeln halten sie nach wie vor ausgestreckt in ihrer Hand. Niemand traut sich, von der strengen Lichterordnung abzuweichen.

Doch die Zuschauer werden langsam unruhig, besonders vor der Tribüne, wo westliche Journalisten und ihre nordkoreanischen Aufpasser das Massenspektakel verfolgen. Mit einigen anderen flüchte ich unter das Eingangsdach eines großen Gebäudes neben der Tribüne. Einer unserer Aufpasser hat mir zuvor erklärt, dass dies das Außenministerium Nordkoreas ist. Der Regen wird immer stärker, und fast scheint es, als wasche er die strenge Ordnung unter den Zuschauern Stück für Stück weg. Immer mehr suchen nun Schutz hier, Offizielle und auch einige Militärs, jeder drängt unter das Dach. Die Massen schieben mich in das Ministerium hinein, in eine dunkle Lobby, in der kein Licht brennt und die nur vom Fackellicht der marschierenden Studenten draußen beleuchtet wird. Gegenüber vom Eingang ist ein großes Wandgemälde mit Kim Jong-il, dem Vater von Kim Jong-un, der lächelnd auf einer grünen Wiese vor einem strahlend blauen Himmel steht. Im unruhig zuckenden Licht der Fackeln wirkt das Bild noch unwirklicher. Als wäre es keine Propaganda, sondern eine Halluzination.

Eine breite Treppe führt von der Lobby in den ersten Stock. Nachdem sie über zwei Stunden still sitzen mussten bei diesem Fackelmarsch, drängt es Nordkoreas Militärs und manche Aufpasser nach oben zu einer Toilette. Obwohl ich mich sonst nur unter ständiger Beobachtung bewegen konnte, schert sich in diesem Moment niemand um mich. Deshalb lasse ich mich einfach mittreiben und erhasche einen seltenen Blick in das sonst für Ausländer verschlossene Gebäude. Auch im Treppenhaus brennt kein Licht. Nur auf dem Treppenabsatz im ersten Stock stehen drei Tische, die von kargem Bürolampenlicht beleuchtet sind. Ein halbes Dutzend Offizielle sitzt da und telefoniert aufgeregt mit alten Wählscheibentelefonen. Plötzlich dämmert mir, wo ich gerade stehe: Dies ist das Lagezentrum von Nordkoreas Außenministerium, in dem der

Besuch der ausländischen Gäste bei diesem Aufmarsch geregelt und überwacht wird.

Draußen läuft noch immer das Massenspektakel, marschieren weiter Tausende Studenten mit ihren Fackeln, um die ganze Welt von ihrer Loyalität zu Kim Jong-un und der Stärke ihres Landes zu überzeugen. Doch hier drinnen, in Nordkoreas Außenministerium, offenbart sich eine ganz andere Welt. Eine Welt, in der sogar das Außenministerium nicht genug Strom hat und seine Beamten mit uralten Geräten telefonieren.

Als ich aus der Lobby des Außenministeriums wieder nach draußen trete, geht der Fackelaufmarsch gerade zu Ende. Mit meiner kleinen Kamera filme ich, wie eine weiße Taube flatternd ankämpft gegen die Regenböen, die über den Kim-Il-sung-Platz fegen. In diesem Moment zerfällt auch der letzte Rest der stalinistischen Festordnung. Die Offiziere, die bislang auf der Tribüne ausgehalten haben, rennen nun fluchtartig vor dem Regen davon. Als sie bemerken, dass ich sie mit meiner Kamera beobachte, wirft mir einer einen finsteren Blick zu, als hätte ich ihn bei etwas ertappt. Dabei empfinde ich in diesem Moment nur Erleichterung darüber, Nordkoreas Militär einmal nicht im Stechschritt zu sehen.

Wer nach Nordkorea kommt, der bekommt eine Inszenierung dieses Landes zu sehen. Niemand darf sich hier frei bewegen, schon gar nicht wir Journalisten. Wenn uns Nordkorea ins Land lässt, haben wir immer zwei Männer an unserer Seite, die, wie es offiziell heißt, uns helfen sollen. Es sind immer zwei, damit garantiert ist, dass diese sich auch gegenseitig kontrollieren. Es könnte ja sein, dass einer von beiden vielleicht zu viel Verständnis für unsere Neugier hat oder überhaupt zu sehr fraternisiert. Dieses Prinzip findet sich auch sonst in vielen Bereichen des alltäglichen Lebens in Nordkorea wieder: Jeder kontrolliert jeden, denn Nordkoreas Überwachungsstaat traut niemandem.

Ich lebe in Peking und bin dort als ausländischer Journalist unter besonderer Beobachtung der Polizei und der Staatssicherheit. Inzwischen habe ich mich daran gewöhnt, dass in China mein Telefon abgehört wird, meine E-Mails und Textnachrichten mitgelesen werden, dass die Stasi nachts immer mal wieder in unsere Büroräume eindringt, einfach um uns zu zeigen, dass sie das kann. Dass beim Einchecken in einem Hotel mein Name sofort der dortigen Polizei gemeldet wird, dass uns bei manchen Reisen die Stasi vor Ort auf Schritt und Tritt folgt, um zu sehen, was wir machen. Das ist Alltag für einen Reporter in China, und jeder versucht damit zu leben, so gut es eben geht. Die Überwachung in Nordkorea aber ist anders. Sie geht noch viel weiter, und sie ist viel unmittelbarer. In China vergisst oder verdrängt man immer mal wieder, dass alles aufgezeichnet wird. In Nordkorea ist das Gefühl, beobachtet zu werden, immer präsent.

Nordkorea bringt westliche Besucher in Pjöngjang gerne im Yanggakdo-Hotel unter, einem hohen Betonturm auf einer Insel im Taedong-Fluss. Es ist vermutlich das bestüberwachte Hotel der Welt. Beim Einchecken wollten wir einmal ein größeres Zimmer buchen, um genug Platz zum Arbeiten zu haben. Darauf war man nicht vorbereitet, und deshalb mussten wir warten. Auf dem Hotelflur beobachteten wir dann, wie ein Trupp Techniker das gewünschte Zimmer verließ. Grund der Verzögerung war also offenbar nicht, dass die Betten noch nicht fertig überzogen waren. Ein andermal kam einer unserer Aufpasser zu uns, kaum dass wir uns im Zimmer niedergelassen hatten, um uns ernsthaft zu ermahnen. Im Hotel hatte kurz zuvor ein Journalist ein Satellitentelefon benutzt. Der Mann werde die Konsequenzen zu tragen haben und vermutlich abgeschoben, sagte der Aufpasser. Wir sollten daher besser gar nicht daran denken, so ein Gerät zu verwenden. Vermutlich gefiel den Nordkoreanern nicht, dass man mit Satellitentelefonen unabhängig vom nordkoreanischen Telefonnetz sprechen kann und so schwieriger abzuhören ist.

Das Yanggakdo ist ein skurriler Ort mit einer Bowlingbahn im Keller und einer Poststelle, von der aus man ins Ausland telefonieren kann und in der es Propagandapostkarten zu kaufen gibt, auf denen nordkoreanische Panzer amerikanische Eindringlinge besiegen. Aber dieses Hotel ist auch ein tragischer Ort. Der amerikanische Tourist Otto Warmbier soll im Januar 2016 aus dem Mitarbeiterbereich im fünften Stock ein politisches Plakat von der Wand genommen und gestohlen haben. Dafür wurde er im März 2016 in Pjöngjang zu fünfzehn Jahren Arbeitslager verurteilt. Er starb im Juni 2017, nachdem er im Wachkoma liegend an die USA ausgeliefert worden war. Die fünfte Etage kann man mit dem Lift nicht erreichen. Sie ist sozusagen das geheime Stockwerk des Hotels. Warmbier ist womöglich über das Treppenhaus dorthin gelangt. Hotelgäste sollen das Treppenhaus wohl nicht benutzen. Einmal waren die Hotellifte überlastet, sodass ich beschloss, zu Fuß hochzugehen. Nach zwei Stockwerken kam eine Hotelangestellte auf mich zu und forderte mich nachdrücklich auf, den Lift zu nehmen. Es sind Episoden, aber sie prägen einen Eindruck, der mich auf meinen Nordkoreabesuchen begleitet: dass man hier keinen Zentimeter abweichen kann vom vorgeschriebenen Pfad, dass alles bemerkt und beobachtet wird.

Das Besuchsprogramm in Nordkorea ist immer sehr voll.

So führt man uns in Pjöngjang zu einem Vergnügungspark, in Krankenhäuser und Wissenschaftszentren. Was uns präsentiert werden soll, ist eine Hauptstadt, ja ein Land, das trotz internationaler Sanktionen prosperiert, in dem es der Bevölkerung besser geht. Genauso wie Machthaber Kim Jong-un es versprochen hat. Aber immer wieder scheitert die Inszenierung, und der Vorhang bekommt einen kleinen Riss, durch den man unvermutet einen Blick hinter die Kulissen erhascht auf die wahre Situation im Land. So wie bei dieser Fackelparade am Kim-Il-sung-Platz.

Die Frage nach Schein und Wirklichkeit begegnet mir schon, wenn ich aus Peking kommend mit der nordkoreanischen Fluglinie Air Koryo in Pjöngjang lande. Der Flughafen ist nicht sehr groß, aber nagelneu, mit modernen Gangways und Gepäckbändern. Es sieht alles ganz normal aus, ein Flughafen eben wie viele andere auch. Aber dann fällt der Blick auf die Flachbildschirme für Ankunft und Abflug, auf denen an diesem Tag nur eine Verbindung steht, nämlich die von und nach Peking: eine Maschine, die wegfliegt und wieder zurückkommt. Das war's, dann ist der Flughafen wieder leer, und wahrscheinlich macht dann auch der Kiosk in der großen Empfangshalle die Lichter aus. Man traut sich kaum, dort etwas zu kaufen, das perfekte Arrangement der Flaschen und Kekspackungen könnte gestört werden. Der Kiosk wirkt letztlich vor allem wie Dekoration, wie eine Art Bouquet mit blinkenden Plastikblumen mitten in der Ankunftshalle.

Auf dem Weg in die Stadt setzt sich das fort. Die Straße ist gut ausgebaut und asphaltiert, aber im ganzen Land sind das insgesamt nur drei Prozent der Straßen. Die Fahrt geht vorbei an Feldern, auf denen Bauern mit Ochsengespannen arbeiten oder die Familie von Hand das Getreide erntet. In Pjöngjang sieht man dann neue, glänzende Hochhäuser, schicke Straßen, Läden und Restaurants. Der Verkehr wird mit einem Mal dichter, und mir fallen deutsche Luxusautos auf und sehr viele chinesische Wagen. Die Zeiten sind längst vorbei, als Pjöngjangs Straßen autoleer waren und die Verkehrspolizistinnen auf verwaisten Kreuzungen wie gegen die eigene Langeweile ihr zackiges Stopp-fahren-Ballett vollführten. Das also ist das verwirrende Bild, das man von Nordkorea schon bei der Ankunft bekommt: Bauern, die weder Traktoren noch Maschinen haben. Und eine offenbar immer größere Zahl von Städtern, die sich Autos leisten können. Aber wie kann das eigentlich sein, dieser urbane Aufschwung inmitten der schärfsten UN-Sanktionen, die das Land wegen seines Atomprogramms je hatte? Und wer profitiert davon?

Wie es Nordkorea und den Menschen wirklich geht, ist gar nicht so leicht herauszufinden. Kim Jong-un hat eine Doppelstrategie versprochen, nach der das Land gleichzeitig Atomwaffen entwickelt und sich wirtschaftlich öffnet. Ob dieser Weg klappt, daran gibt es einige Zweifel. Doch die Regierung veröffentlicht schon seit 1965 keine Statistiken mehr über die wirtschaftliche Situation des Landes. Es gibt auch seit Jahren keine Zahlen mehr zur Größe des Staatshaushalts.

Allerdings sind wir natürlich nicht völlig ahnungslos, denn es gibt eine Vielzahl von anderen Quellen, die sich mit Nordkorea beschäftigen. Die Bank of Korea in Seoul etwa veröffentlicht regelmäßig Daten zu Nordkoreas Wirtschaftsleistung. Sie stützt sich dabei unter anderem auch auf Schätzungen des südkoreanischen Geheimdiensts zur industriellen Produktion im Norden. Aber weil Nordkorea seine Güter auf keinem internationalen Markt handelt, ist es schwer zu wissen, wie viel diese Güter tatsächlich wert sind. Und natürlich ist die industrielle Produktion nur ein Teil von Nordkoreas Wirtschaftsleistung. Service und Handel sind noch deutlich schwieriger einzuschätzen. Doch die Zahlen der südkoreanischen Zentralbank sind zumindest eine Annäherung. Ihnen zufolge ist Nordkoreas Bruttosozialprodukt 2016 um 3,9 Prozent gewachsen. In den neun Jahren zuvor war es allerdings entweder nur minimal gestiegen oder sogar gesunken. Das Pro-Kopf-Einkommen in Nordkorea lag 2016 demnach bei umgerechnet rund 1100 Euro pro Jahr. Nordkorea gehört damit zu den ärmsten Ländern der Welt und liegt ungefähr auf dem Niveau von Haiti oder Uganda. In Deutschland lag das Pro-Kopf-Einkommen im Vergleich dazu im selben Jahr bei rund 38 000 Euro, in Südkorea bei gut 23 000 Euro.

Einen anderen Weg, die Wirtschaftskraft von Nordkorea zu messen, haben Forscher des südkoreanischen Entwicklungsinstituts gewählt. Sie untersuchten, wie viele Haushalte in Nordkorea mit Holz oder Kohle kochen, und verglichen diese Zahlen mit anderen Ländern. 2008 hatten fast 93 Prozent der Haushalte im Norden keinen Zugang zu Elektrizität oder Gas. Diese Zahlen sind also ein weiterer Beleg dafür, dass das Land in etwa auf dem Niveau von Haiti und Uganda liegt und sein Pro-Kopf-Einkommen in etwa zwischen achthundert und 1150 Euro.

Die durchschnittliche Lebenserwartung in Nordkorea beträgt siebzig Jahre, auch damit ist das Land mit Staaten wie Bangladesch oder Russland international auf einem der hinteren Plätze. Einer der Gründe dafür dürfte die nach wie vor schlechte Versorgungslage in Nordkorea sein. Tatsächlich geht das Welternährungsprogramm der Vereinten Nationen davon aus, dass über achtzig Prozent der Bevölkerung über keine ausreichende Ernährungsvielfalt verfügen und ein Drittel der

Kinder unter fünf Jahren unter Blutarmut leidet. Jedes vierte Kind in Nordkorea, so eine Studie der Welternährungsorganisation, hat wegen der unzureichenden Ernährung Symptome von Kleinwüchsigkeit. Die Ernährungs- und Landwirtschaftsorganisation der Vereinten Nationen (FAO) warnte im Sommer 2017 davor, dass es in Nordkorea erneut zu Lebensmittelengpässen kommen könnte. Eine schwere Dürre im Frühjahr hatte unter anderem den Anbau von Getreide gravierend beeinträchtigt. Fast zwei Drittel der nordkoreanischen Ernte drohen nach Einschätzung der FAO 2017 noch deutlich schlechter auszufallen. Wie prekär die Versorgungslage in Nordkorea offenbar sogar beim Militär ist, zeigt die dramatische Flucht eines Soldaten im November 2017 über den Grenzübergang Panmunjeom. Der Soldat wurde bei der Flucht durch Schüsse schwer verletzt. Südkoreanische Ärzte, die ihn versorgten, fanden in seinem Verdauungstrakt Dutzende Spulwürmer, der längste davon siebenundzwanzig Zentimeter lang. Einer der behandelnden Chirurgen erklärte: »In meinen zwanzig Jahren als Arzt habe ich so was bisher nur in Lehrbüchern gesehen.« Die Funde sind für Experten ein Beleg dafür, wie groß die Probleme von Mangelernährung und fehlender Hygiene zum Beispiel durch das Düngen mit menschlichen Exkrementen sind.

Es ist nicht so, dass einen diese Probleme in Pjöngjang anspringen. Im Gegenteil. Bei offiziellen Essenseinladungen fahren die Gastgeber ein Zehn- bis Zwölf-Gänge-Menü mit koreanischen Spezialitäten auf, bei dem die Gäste in der Regel schon ab der Hälfte nicht mehr können. Man wird den Verdacht nicht los, dass das absichtlich so ist, um jede Frage nach der Lebensmittelversorgung der gesamten Bevölkerung im Voraus abzuservieren.

In Pjöngjang ist in den letzten Jahren auch viel gebaut worden. Immer wieder war Kim Jong-un zu sehen, wie er etwa eine Straße mit Wissenschaftszentren eröffnete, Kinderkrippen besuchte oder Appartementblöcke, die pistazien- oder pfirsichfarben bemalt waren. »Kim Jong-un hat das meiste an verfügbaren Ressourcen nur in Pjöngjang investiert«, sagt Thae Yong-ho, Nordkoreas höchstrangiger Überläufer. »Kim Jong-un versucht, seine Fähigkeiten als Anführer zu beweisen, indem er Wohnanlangen und Wolkenkratzer in der Hauptstadt baut. Dafür muss er Investitionen in den Aufbau von Infrastruktur außerhalb Pjöngjangs kürzen. Die Kluft zwischen der Hauptstadt und dem Land wird unter ihm also sogar noch größer.«

Auch deshalb sieht man in Pjöngjang die Auswirkungen der UN-Sanktionen kaum. Die Hauptstadt ist das Schaufenster für die Welt. Für sie ist immer Geld da. Hinzu kommt, dass die Sanktionen, die Land und Regime am gravierendsten treffen, noch nicht so lange in Kraft sind. Die Vereinten Nationen haben erst 2016 Sanktionen verabschiedet, die Nordkoreas mit Abstand wichtigste Einnahmequellen einschränken, den Export von Mineralien, insbesondere Kohle und Eisenerz. Diese haben 2015 fast die Hälfte der Exporteinnahmen von rund 2,3 Milliarden Euro ausgemacht. Welche Auswirkungen das in Nordkorea hat, wird sich erst langsam zeigen, wenn zum Beispiel auch China, Nordkoreas wichtigster Handelspartner, diese Sanktionen umsetzt.

Auf Kim Jong-uns besonderen Wunsch hin wurde in Pjöngjang der Zoo ausgebaut, es entstanden ein Wasserpark und ein Delphinarium. An einem sonnigen Herbstnachmittag fuhren unsere Aufpasser uns einmal dorthin. Das Delphinarium liegt auf der anderen Seite des Taedong, in einem Park, in dem an diesem Tag viele Pjöngjanger mit ihren Familien spazieren gingen. Drinnen gibt es ein großes Becken für die Delphine und steil abfallende Zuschauerränge für gut tausend Besucher. Während der Show leuchtet auf der Bühne das Symbol für Nordkoreas Arbeiterpartei. An den Revers und Blusen der Zuschauer prangen rote Anstecker mit den Konterfeis von Kim Il-sung und Kim Jong-il, den beiden Vorgängern von Kim Jong-un. Es ist eine hübsche Show. Die Delphine in Nordkorea können rechnen und sind so galant, dass sie ihren Trainerinnen Blumen bringen. Außerdem beherrschen sie natürlich alle erdenklichen Arten von Saltos. Und sie dirigieren mit ihren spitzen Schnauzen einen Hula-Hoop-Wettbewerb, bei dem ein Kanadier von einem nordkoreanischen Mädchen um Längen geschlagen wird. Der Ausländer wird dafür noch ein bisschen durch den Kakao gezogen, was die Pjöngjanger zu freuen scheint.

Als wir wieder draußen sind, behauptet einer unserer Aufpasser, dass sich in Pjöngjang jedermann den Eintritt zu dieser Show leisten könne. Aber kann das wirklich sein, da doch das Monatseinkommen vieler so gering ist? Und ist das Geld für Bau und Unterhalt dieses Delphinariums wirklich gut angelegt in einem Land, in dem viele nicht genug zu essen haben und weder über Strom noch fließend Wasser verfügen? Unserem Aufpasser ist die Frage sichtlich unangenehm. Er bittet uns, die Kamera kurz auszuschalten, er müsse überlegen. Immerhin, er sucht nach einer Antwort und verweigert sie nicht, wie das vielleicht manch anderer seiner Kollegen getan hätte. Nach einer Weile ist er bereit für eine Antwort: »Es gibt materielle Bedürfnisse und kulturelle«, sagt er. »Man muss auch das Kulturelle genießen.« Er ist sich nicht ganz sicher, ob er damit den Widerspruch auflösen konnte, vor allem aber, ob er damit nicht am Ende doch Ärger mit seinen Vorgesetzten bekommen könnte.

Zumindest theoretisch strebt Nordkorea als kommunistisches Land Gleichheit und eine klassenlose Gesellschaft an. In Wahrheit aber ist die Gesellschaft geprägt durch ein Kastensystem, in das jeder schon zu seiner Geburt einsortiert wird und aus dem es kein Entkommen gibt. Das sogenannte *songbun* ordnet die Nordkoreaner in drei große Gruppen ein: einen verlässlichen Kern, eine schwankende und eine feindliche Klasse. Es gibt noch eine Vielzahl von Untergruppen, aber diese grobe Aufteilung bestimmt die Lebenschancen eines jeden in Nordkorea. Das *songbun* bleibt ein Leben lang, und es schaut alleine darauf, wie staatstreu Vater und Großvater waren, wie sehr die ganze Familie der Kim-Dynastie gefolgt ist. Die Sicherheitsbehörden stempeln das *songbun* in die Akte, und damit ist auch klar, wo in Nordkorea jemand leben darf, welche Schule und Universität er besuchen und welchen Beruf er ausüben kann. Auch die für den Aufstieg in Nordkorea entscheidende Frage, ob man Mitglied der Arbeiterpartei werden darf, wird durch das *songbun* entscheidend mitbestimmt. Wie tüchtig jemand ist, wie intelligent oder ideenreich, das alles spielt nur eine nachgeordnete Rolle. Wenn der Großvater Landbesitzer war oder nach dem Zweiten Weltkrieg einer kommunistischen Fraktion angehörte, die mit jener von Kim Il-sung konkurrierte, braucht man sich keine Hoffnungen zu machen. Eine Karriere im Außenministerium, beim Militär oder in der Wissenschaft bleibt dann verschlossen.

Diese strikte Einteilung seiner Bürger lässt sich sogar zumindest grob in Zahlen fassen. Von den rund fünfundzwanzig Millionen Einwohnern gilt ein gutes Viertel als verlässlich, etwa die Hälfte als schwankend und ein weiteres Viertel als feindlich. Das bedeutet, dass Nordkorea auf das Potential von fünfundzwanzig Prozent seiner Bürger von vornherein verzichtet, allein weil die Linientreue der Familie angezweifelt wird. Ein atemberaubender Umstand, wenn man sich vorstellt, wie verarmt und rückständig das Land in vielen Bereichen ist. Aber es zeigt andererseits sehr deutlich, wo die Prioritäten liegen. Wichtiger als Fortschritt und Entwicklung, als der Aufbau von Wohlstand in der Gesellschaft ist in Nordkorea die Gefolgschaft zur Kim-Dynastie, zur Herrscherfamilie.

Ich muss dabei immer an die Massenaufmärsche denken, an die Art, wie das Regime seine Bürger bei solchen Gelegenheiten anordnet. Es sind Menschenteppiche, die sich auf faszinierende wie unheimliche Weise synchron bewegen, Bilder entwerfen von Nordkoreas Flagge oder der Flagge der Arbeiterpartei, um dann zu verschwinden und in anderen Formationen wieder zu erscheinen. Monatelang werden solche Aufmärsche geprobt, bis sie ein perfektes Bild abgeben, in dem keiner aus der Reihe tanzt. Der Einzelne ist bei diesen Aufmärschen nur ein Knoten im großen Menschenteppich. In ganz ähnlicher Weise funktioniert auch das Gesellschaftssystem.

Nordkorea hat eine Planwirtschaft, die durch Staatsunternehmen geprägt ist. Es ist wahrscheinlich das einzige Land der Welt, das nach dem Zusammenbruch des Ostblocks weiter so strikt an der staatlichen Lenkung der Wirtschaft festhält. Zwar gibt es Anzeichen eines primitiven Kapitalismus, Bereiche des mehr oder weniger freien Handels. Der Kern der nordkoreanischen Wirtschaft – Maschinenbau, Rüstungsindustrie, Chemieunternehmen, Bergbau, Metallverarbeitung, Textilherstellung und Landwirtschaft – aber ist nach dem Prinzip einer sozialistischen Planwirtschaft organisiert. Kim Jong-un hat es bislang nicht gewagt, von der Linie seines Vaters und Großvaters abzuweichen, abgesehen vielleicht davon, dass das Management von Staatsbetrieben ein bisschen mehr Autonomie bekommen hat. Von einem kapitalistischen Experiment unter der Aufsicht der kommunistischen Partei wie in China oder in Vietnam aber ist in Nordkorea wenig zu erkennen.

Bei einem unserer Besuche wurden wir in eine Fabrik geführt, die Drähte herstellt. Der Boden, die Maschinen – alles war blitzsauber. Der Kupferdraht lief am laufenden Meter auf die Spule. Die Arbeiter, die ausgesucht worden waren, um mit uns zu sprechen, erklärten, wie glücklich sie mit ihrer Arbeit seien. Und wie sehr sie insbesondere auch schätzten, dass die Fabrik ein eigenes Schwimmbad mitsamt einer Art Wellnessbereich habe. Auch den zeigte man uns, und es fügte sich, dass da gerade einige Arbeiterinnen im Becken planschten. Die Fabrik sollte ein Musterbeispiel dafür sein, wie gut Nordkoreas Planwirtschaft funktioniert und wie sehr sie an die Bedürfnisse der Arbeiter denkt. Aber es war gleichzeitig auch ein Beweis dafür, was Nordkoreas Probleme sind. Ausgerechnet eine Drahtfabrik, in der weit und breit nur Lowtech zu sehen war, zeigte man uns. Wenn das schon als vorbildlich galt, was war dann nur mit dem Rest?

Zu Zeiten des Kalten Kriegs konnte das Regime dank Subventionen und Handelsprivilegien mit der Sowjetunion noch den Anspruch aufrechterhalten, auch die Versorgung der Bürger allumfassend zu regeln. Der Zusammenbruch der Sowjetunion aber hatte dann katastrophale Folgen für Nordkorea. Er führte auch dort zum wirtschaftlichen Kollaps. Schätzungen gehen davon aus, dass die Wirtschaftsleistung in den Neunzigerjahren um fast die Hälfte eingebrochen ist.

Aus Sorge, dass dies wie in anderen ehemals kommunistischen Ländern auch das Ende des Regimes bedeuten könnte, schottete sich Nordkorea in dieser Zeit nach innen und außen noch mehr ab, versäumte es aber, selbst Reformen anzugehen, insbesondere in der Landwirtschaft. Als es dann in dieser Zeit gleichzeitig zu Überschwemmungen und Dürren und dadurch zu dramatischen Ernteausfällen kam, konnte die Regierung die Essensverteilung für die Bevölkerung nicht mehr aufrechterhalten und stoppte sie. Gleichzeitig aber weigerte sie sich lange, ausländische Hilfe ins Land zu lassen. Die Folge war eine Hungerkatastrophe, bei der nach unterschiedlichen Schätzungen rund eine Million Nordkoreaner starben.

Selbst als dann Nahrungslieferungen ins Land gelassen wurden, zweigte das Militär große Teile der Hilfen ab, um sie selbst weiterzuverkaufen. Der Bestand der Armee und damit die Aufrechterhaltung der Kim-Herrschaft waren sogar zu diesem Zeitpunkt wichtiger als das Leben von Millionen vom Hunger bedrohter Menschen. Das sagt viel über die Staatsideologie dieses Landes aus. Es erklärt vielleicht auch, warum alle Sanktionen gegen Nordkorea bislang nicht zu einem Machtverlust des Regimes geführt haben. Alles scheint hier auf den Bestand der Kim-Dynastie ausgerichtet zu sein. Das Glück oder auch nur das Überleben des Einzelnen zählt da wenig.

Trotzdem hat diese Hungerkatastrophe offensichtlich tiefe Spuren im kollektiven Gedächtnis der Nordkoreaner hinterlassen. Es ist ein Trauma, über das kaum offen gesprochen wird, das aber den Blick vieler auf den Staat verändert hat. So berichten es jedenfalls Überläufer, die aus Nordkorea geflüchtet sind. Das Versprechen des stalinistischen Staats, einerseits eine allumfassende Versorgung jedes Einzelnen zu gewährleisten, andererseits dafür absoluten Gehorsam einfordern zu können, schien nach dieser Hungersnot nicht mehr glaubwürdig. Der Zusammenbruch der zentralen Wirtschaftsplanung in den Neunzigerjahren hat den Nordkoreanern gezeigt, dass sie sich auf die Regierung nicht verlassen können, dass sie sich um sich selbst kümmern müssen.

In dieser Zeit sind die ersten Märkte in Nordkorea entstanden, auf denen die Menschen handelten und tauschten, was sie zum Überleben brauchten: in erster Linie Reis und Gemüse. Inzwischen sind diese Märkte gewachsen, und Nordkoreas Regierung toleriert sie misstrauisch. Sie scheinen für den Staat nach wie vor eine Abweichung von der Norm zu sein, ein Freiraum der Bürger, der wirtschaftlich nicht mehr wegzudenken, in der Staatsideologie aber eigentlich nicht vorgesehen ist.

Kim Jong-il hatte eine besonders widersprüchliche Haltung dazu. Es gab Phasen, in denen ihm die Märkte willkommen waren, um die Versorgungslage zu verbessern und die Auswirkungen von UN-Sanktionen abzumildern. Zu anderen Zeiten verschärfte er die Regeln für die Märkte oder versuchte sie ganz zu unterdrücken. Kim Jong-un scheint begriffen zu haben, dass er die Märkte akzeptieren muss, ja dass sie ihm durch Steuereinnahmen möglicherweise sogar helfen. Doch auch heute ist es noch so, dass ausländische Journalisten, die das Land besuchen, wenn überhaupt, nur einen kurzen Blick auf solche Märkte werfen dürfen. Filmaufnahmen sind meistens verboten, als könnte man dadurch die Existenz der Märkte dem Ausland gegenüber verleugnen.

Seit 2010 hat sich die Zahl der staatlich genehmigten Märkte in Nordkorea auf über vierhundert verdoppelt. Sie sind in der Regel überdacht, und dort werden längst nicht mehr nur Reis und Gemüse verkauft. Unter bunten Dreiecksfähnchen, nordkoreanischen Flaggen und Luftballons bietet man in den Hallen neben Nahrungsmitteln auch Kleider, Spielzeug, Reiskocher, elektrische Rasierer, Kosmetikartikel, Smartphones und DVD-Spieler an. Besonders beliebt, so berichten Überläufer, die auf solchen Märkten gearbeitet haben, seien Mode aus Südkorea und DVDs mit südkoreanischen TV-Soaps. Beides ist eigentlich verboten, aber die Nachfrage danach so hoch, dass die Verkäufer hohe Preise dafür verlangen können. Gerade die südkoreanischen Filme und Fernsehserien öffnen ein Fenster nach draußen, in eine über Jahrzehnte weitgehend abgeschottete Welt. Viele erfahren so zum ersten Mal überhaupt vom Alltagsleben in Südkorea, davon, wie wohlhabend das Land ist und wie frei und demokratisch die Gesellschaft dort.

Überläufer wie Thae Yong-ho sehen deshalb in den Märkten beides: eine Öffnung zur Welt und ein Krisensignal der planwirtschaftlichen Ordnung. »Nordkorea ist ein sozialistisches System, und als solches wird von ihm erwartet, dass es zum Beispiel Essensrationen verteilt und den monatlichen Lohn, dass es freie Schuldbildung und medizinische Versorgung gewährleistet. Eine Art von Wohlfahrtsstaat also.« Kim Jong-un aber kann das Versprechen des Staatssozialismus nicht mehr einhalten, die Bürger umfassend zu versorgen. »Das ganze System fällt in sich zusammen«, sagt Thae. Wegen der schlechten Versorgungslage muss Kim Jong-un die Märkte stillschweigend hinnehmen. »Die Menschen können nur überleben, wenn sie auf diesen Märkten verkaufen.« Die Polizei kassiert dafür, dass sie wegschaut. Und wenn sie solche Märkte doch schließen will, widersetzen sich die Verkäufer oft, weil sie nur so ihre Familien ernähren können. Das alles sind erstaunliche Zeichen von zivilem Ungehorsam, den es früher so nicht gegeben hat.

Weil Märkte so ein heikles Thema für Nordkorea sind, müssen Forscher, die die Rolle dieser Märkte analysieren wollen, besonders kreativ sein. Eine Studie des US-Korea-Instituts an der Johns-Hopkins-Universität hat kommerzielle Satellitenbilder ausgewertet, um die Entwicklung seit 2000 zu erforschen. Mit Hilfe von Google Earth wurde die Ausdehnung der Märkte in zwölf nordkoreanischen Städten in Nordkorea untersucht. Dabei zeigte sich, dass sie insbesondere an der Grenze zu China und in Hafenstädten im Westen des Landes gewachsen sind. Dort also, wo offenbar auch Waren aus dem Ausland ankommen. Im Süden des Landes wiederum sind die Märkte besonders weiträumig. Möglicherweise, weil es in den weiten Ebenen dort mehr Landwirtschaft gibt als im bergigen Norden. Das Korea-Institut für nationale Einheit in Seoul schätzt, dass von den fünfundzwanzig Millionen Nordkoreanern inzwischen 1,1 Millionen auf Märkten als Händler oder Manager arbeiten.

Neben den Märkten, die von den Behörden toleriert werden, gibt es in Nordkorea auch Schwarzmärkte. Vor einem Fußballspiel verkaufen Händler von ihren Fahrrädern aus Fanartikel. In den Seitenstraßen und am Rand der offiziellen Märkte bieten fliegende Händler, die sogenannten »Grashüpfer«, ihre Waren an. Sie heißen so, weil sie ihre Sachen schnell einpacken und davoneilen, wenn die Polizei sie kontrollieren oder vertreiben will. Auch in Häusern gibt es solche privaten Märkte. Dort werden auch selbstgebackenes Brot, Süßigkeiten oder Schuhe und Kleidung verkauft.

Tatsächlich hat die Entwicklung der Märkte in Nordkorea seit den Neunzigerjahren viele ausländische Beobachter elektrisiert, weil sie darin den Kern einer kapitalistischen Entwicklung innerhalb eines stalinistischen Systems erkennen. Der

Direktor des südkoreanischen Geheimdiensts berichtete kürzlich in einer geheimen Sitzung mit Abgeordneten in Seoul, dass rund vierzig Prozent der nordkoreanischen Bevölkerung ihr Einkommen aus einem privaten Unternehmen beziehen. Das sei in etwa vergleichbar mit dem Niveau in Ungarn oder Polen vor dem Fall der Mauer.

Die Lebensmittel, die auf lokalen Märkten verkauft werden, kommen zum Teil von Feldern, die Familien selbst bewirtschaften dürfen und deren Erträge bei ihnen bleiben. Prägend sind in Nordkorea nach wie vor landwirtschaftliche Kooperativen. Aber es gibt seit langem Regelungen, wonach die Ernte aus sogenannten Hausgärten bei den Familien bleiben darf. Die erlaubte Größe solcher Hausgärten wurde in den letzten Jahren auch erweitert. Mancher Beobachter sah da schon ein Pflänzchen einer Agrarreform wachsen. Aber tatsächlich ist die Größe der privat bewirtschafteten landwirtschaftlichen Fläche auch unter Kim Jong-un nicht wesentlich gewachsen. Vieles stagniert nach wie vor. Der Staat lässt von seinem stalinistischen Allmachtsanspruch nicht wirklich ab. Und vieles, was an Veränderungen geschieht und was man von außen vielleicht gern als Reformen betrachtet, weil man so sehr darauf hofft, ist eigentlich eher einem Herrschaftspragmatismus geschuldet.

Dennoch haben diese Veränderungen im Wirtschaftssystem Auswirkungen auf die Gesellschaft und das Leben in Nordkorea. Wer nicht mehr täglich in einer, sagen wir, Stahl- oder Kleiderfabrik arbeitet, die hoffnungslos veraltet, hierarchisch erstarrt und in Parteiideologie ertränkt ist, sondern sein Glück jeden Tag selbst auf dem Markt versucht, der verändert auch seinen Blick auf die Welt und den Staat. In den Berichten von Überläufern, die auf solchen Märkten gearbeitet haben, hieß es immer wieder: »Die da oben tun nichts für uns.« Möglicherweise vollzieht sich hier eine innere Abwendung vom System.

Die meisten Händler auf diesen Märkten werden nicht reich. Es ist umgekehrt eher so, dass, wer heute in Nordkorea überleben will, dafür sorgen muss, dass er neben seinem staatlichen Job noch irgendwo ein weiteres Einkommen erzielt, also einen Nebenjob hat, der in der Regel weitaus mehr einbringt. Einige schaffen es dabei offenbar doch zu Wohlstand. In Nordkorea gibt es für sie inzwischen sogar einen eigenen Namen. Man nennt sie *donju*, »Herren des Geldes«. Sie sind längst nicht mehr nur im Handel aktiv, sondern betreiben zum Teil Fabriken oder andere Unternehmen. Von *donju* wird erwartet, dass sie Gelder beisteuern, wenn Kim Jong-un in Pjöngjang neue Prestigebauten errichten lässt. Dafür bekommen sie umgekehrt Genehmigungen und Privilegien für ihre eigenen Geschäfte. Man sieht die *donju* besonders in Pjöngjang, wo sie in teuren Läden Importartikel aus dem Westen kaufen oder in Restaurants speisen. Ihr Aufstieg zeigt, dass sich neben dem *songbun* als kastenartige Gesellschaftshierarchie langsam noch eine weitere etabliert, die nämlich von Reich und Arm.

Der langsame Zusammenbruch der staatlichen Zentralplanung hat außerdem dazu geführt, dass hinter der Fassade einer streng autoritären Herrschaft die Korruption immer mehr um sich greift. Nordkorea gilt heute dem Korruptionsindex zufolge als eines der korruptesten Länder der Welt. Die *donju* nutzen das für ihre Geschäfte. Aber im Grunde macht jeder mit, weil man nur so in diesem Land überleben kann, sagt zumindest Thae.

Nach marxistischer Lesart müssten diese wirtschaftlichen

und gesellschaftlichen Veränderungen der Basis, so überschaubar sie auch sein mögen, letztlich auch zu einer Veränderung des Überbaus, also der Herrschaftsstruktur, des politischen Systems führen. Allerdings hat sich Nordkorea ideologisch vom Marxismus losgesagt und pocht auf seiner eigenen Staatsideologie des Juche. Und der große Nachbar China zeigt, dass ein inzwischen durch und durch kapitalistisches Wirtschaftssystem und ein nach wie vor durch und durch leninistisches Herrschaftssystem sehr wohl zusammen funktionieren. In Pjöngjang und Peking ist völlig klar, dass man das Wirtschaftssystem so lange gewähren lässt, wie es dem Machterhalt der Partei dient. Aber das Primat der Partei und ihrer Herrschaft darf dabei nicht eine Sekunde in Frage gestellt werden. Die Veränderungen in der Wirtschaft wirken in der nordkoreanischen Gesellschaft deshalb höchstens subkutan. Prägend ist nach wie vor die Unter- und Einordnung in das Führerprinzip der Kim-Ideologie.

Man merkt das in Pjöngjang schon früh am Morgen. Ein Lied klingt dann durch die Stadt, durch die noch menschenleeren Häuserschluchten. Es ist ein jammernder, düsterer Synthesizerklang, der sich durch alle Ritzen, Türen und Fenster bis hinein in die Schlafzimmer drängt. Aus Lautsprechern überall in der Hauptstadt kommt das sphärische Klagelied. Wer noch nicht wach ist, wird es davon. »Wo bist du, geliebter General?«, heißt der Weckruf für die 2,5 Millionen Einwohner.

Gespielt wird der Song von Nordkoreas Propaganda-Band, dem Pochonbo Electronic Ensemble. Anfang der Siebzigerjahre soll ihn Kim Jong-uns Vater, Kim Jong-il, höchstpersönlich für die patriotische Oper »Eine wahre Tochter der Partei« komponiert haben. Es geht darin um eine Krankenschwester im Koreakrieg, die mit einer Gruppe verwundeter Soldaten versucht, das Hauptquartier von General Kim Il-sung zu erreichen, um ihm eine wichtige Nachricht zu überbringen. »Wo ist der väterliche General«, singt die Krankenschwester, »wenn der Große Wagen am Nachthimmel strahlt? Wo mag das Hauptquartier mit seinen lichtdurchfluteten Fenstern sein? Wo er sicher sein wird.« Ihre Suche nach General Kim Il-sung bleibt erfolglos, weil sie auf dem Weg von einem amerikanischen Soldaten erschossen wird. Das Opfer der Krankenschwester, die ihr Leben für den Großen Führer gibt, scheint für das Regime also gerade die rechte Morgenbotschaft an seine Bürger zu sein.

In liberalen Gesellschaften gibt es die Trennung von öffentlichem und privatem Leben. Natürlich ist auch dann der private Raum nicht völlig abgegrenzt, auch dort gelten Regeln, insbesondere das Strafgesetzbuch. Aber der Staat etwa in Deutschland erkennt an, dass dieser Ort besonderen Schutz verdient, dass dies der Platz ist, wo jeder Bürger vom Grundsatz her sein kann, wie er will. Selbst in China lässt die Diktatur der kommunistischen Partei den Bürgern eine gewisse Privatheit, zumindest solange sich das nicht gegen den Herrschaftsanspruch ebendieser Partei richtet. In Nordkorea aber gibt es diese Trennung nicht. Der Herrschaftsanspruch ist total, das heißt, er umfasst alle Bereiche des Lebens, auch die privatesten.

Wenn sich morgens im Halbschlaf das Klagelied der Krankenschwester in den Kopf bohrt, bekommt man einen Eindruck davon, aber es hört damit natürlich nicht auf. Von klein auf müssen Nordkoreaner sich in das System einordnen. Es beginnt mit dem *songbun*, das ihnen als Baby aufgedrückt wird, und setzt sich fort in Kindergarten und Schule, wo die Kinder bereits von den Feinden des Landes hören: amerikanischen

Imperialisten, japanischen Militaristen und südkoreanischen Verräterbanden. Mit zehn Jahren kommen sie in die sogenannte Kinderunion, eine Massenorganisation, bei der die Kinder beim Eintritt einen Treueeid schwören müssen gegenüber Kim Il-sung, Kim Jong-il und Kim Jong-un. Später folgen dann oft die Jugendliga, die Frauenunion, die Arbeiter- oder Bauernunion und für manche die Koreanische Arbeiterpartei. In all diesen Organisationen gibt es verpflichtende Sitzungen, in denen die Mitglieder die Staatsideologie zu lernen haben.

Zwar sichert Nordkorea in seiner Verfassung den Bürgern bestimmte Rechte zu, in der Praxis werden diese aber nicht umgesetzt. Es gibt in Nordkorea für viele noch nicht einmal im Land Bewegungsfreiheit, geschweige denn, wenn es darum geht, das Land zu verlassen. Rede-, Versammlungs- und Pressefreiheit werden ebenso wenig gewährleistet. Sogar bei der Musik, egal welcher Art, ist allein das erlaubt, was der Staat abgesegnet und für gut befunden hat. Ausländische Musik ist verboten. Wer etwa dabei erwischt wird, südkoreanischen K-Pop zu hören, muss mit Strafen rechnen.

Menschenrechtsorganisationen und die Vereinten Nationen haben in verschiedenen Berichten immer wieder Nordkoreas gravierende Verstöße gegen die Menschenrechte angeprangert. Dabei geht es immer auch um Straflager für politische Gefangene, deren Existenz die nordkoreanische Regierung bestreitet. Eine UN-Kommission kam 2014 allerdings zu einem anderen Schluss. Aussagen von ehemaligen Wachen, Gefangenen und Anwohnern belegen, dass die Lager weiter existieren. Auch auf Satellitenaufnahmen seien die Lager nachweisbar. Die insgesamt gesunkene Zahl der Gefangenen sei vor allem auf die hohe Sterblichkeit dort zurückzuführen. Ursache dafür seien systematische Unterernährung,

Zwangsarbeit, Exekutionen, Folter, Vergewaltigungen. Die UN-Kommission schätzt, dass in den letzten fünfzig Jahren Hunderttausende in solchen Lagern ums Leben gekommen seien. Immer noch aber gebe es, so die UN-Experten, zwischen 80 000 und 120 000 politische Gefangene, die in vier großen Lagern festgehalten werden.

Selbst dort, wo es auf den ersten Blick nach einer Öffnung aussieht, wartet in Wirklichkeit eher die nächste Stufe der Überwachung und Zensur. So sieht man auf den Straßen insbesondere in Pjöngjang inzwischen immer mehr Mobiltelefone. 2,5 Millionen soll es geben, bei rund fünfundzwanzig Millionen Einwohnern. Das ist im Vergleich zu den meisten anderen Ländern noch eher bescheiden. Aber es bedeutet immerhin, dass zumindest die Kommunikation im Land zwischen den Bürgern befördert wird, dass die Informationsblockade, die es sogar innerhalb Nordkoreas gibt, langsam aufbricht. Oft stellen wir uns mobile Kommunikation, das Internet als etwas vor, das zur Modernisierung einer Gesellschaft führt. Wenn also auf den Straßen von Pjöngjang immer mehr Menschen mit Smartphones telefonieren oder das abgeschottete koreanische Internet nutzen, bedeutet das letztlich doch einen Weg zur politischen Reform, oder?

Tatsächlich aber hat der nordkoreanische Staat längst verstanden, dass die digitale Kommunikation sich mit den richtigen Werkzeugen noch viel umfassender überwachen lässt. »Indem sie ihren Bürgern Zugang zu neuen Netzwerktechnologien wie Mobiltelefonen oder Tablets gibt, erhält Nordkoreas Regierung Möglichkeiten der Überwachung und Kontrolle, die weit über das hinausgehen, was wir aus anderen autoritären Staaten kennen«, heißt es in einer von der US-Regierung geförderten Studie des Rechercheinstituts InterMedia zur Mediennutzung in Nordkorea. Für Computer und mobile Geräte gibt es in Nordkorea verpflichtende Softwareupdates. Diese scannen dann gespeicherte Medien nach verbotenen Filmen aus dem Ausland, zum Beispiel den beliebten südkoreanischen Fernsehserien. Das Betriebssystem »Roter Stern« scannt Textdokumente nach Begriffen, die dem Regime als nicht opportun erscheinen, und löscht sie.

Der staatliche Überwachungsapparat, insbesondere das Ministerium für Staatssicherheit, hat also an Zugriffsmöglichkeiten auf seine Bürger nichts verloren. Im Gegenteil, es nutzt die digitale Revolution, um eine nordkoreanische Version von Big Brother aufzubauen, eine neue, eine digitale Diktatur.

Den Menschen scheint das sehr bewusst zu sein. Ich bekomme immer dann eine Ahnung davon, wenn wir versuchen, in Nordkorea auf der Straße Interviews mit Passanten zu führen. Unsere Aufpasser sind natürlich dabei, und manchmal habe ich den Verdacht, dass sie uns nur dann Fragen stellen lassen, wenn sie schon vorab bestimmt haben, wer auf dem Gehweg mehr oder weniger zufällig vorbeikommen darf. Einige der Spaziergänger kommen nämlich mehrmals, einmal zum Beispiel alleine wie auf dem Weg zur Arbeit, das andere Mal mit Frau. Die Antworten auf meine Fragen sind dann bis in Wortwahl und Duktus exakt auf der Staatslinie. Ich muss in diesen Momenten an ein nordkoreanisches Sprichwort denken: Der Kopf, der herausragt, ist der erste, der abrasiert wird.

Ich denke bei diesem Satz auch immer an ein anderes Erlebnis: Im obersten Stock des Yanggakdo-Hotels sitzen wir mit unseren Aufpassern in einem Restaurant, das sich dreht. Unter uns liegt Pjöngjang, die livrierten Kellner servieren koreanisches Grillfleisch und Bier. Ein wenig erinnert es mich an das Restaurant im Berliner Fernsehturm. Eigentlich könnte die Stimmung jetzt entspannt und gelöst sein. In drei Stunden werden wir zum Flughafen fahren und zurück nach Peking fliegen. Aus Sicht unserer Aufpasser hat bei den Drehs und Interviews alles geklappt, es gab keine große Panne. Aber sie sind nicht entspannt. Sie sind total nervös. Toby, mein amerikanischer Kameramann, hat sein Visum verloren. Oder besser: Der Visumzettel war nicht mehr im Pass, als wir ihn vorhin vom Hotel zurückbekamen.

Anders als bei uns Deutschen heften nordkoreanische Botschaften oder Konsulate bei Amerikanern das Visum nicht auf eine der Passseiten, sondern legen ein Visumblatt bei. Ob das Ausdruck der besonderen Feindschaft zu den USA ist, weiß ich nicht. Aber eben dieser Zettel fehlte. Und es fühlt sich in diesem Moment so an, als würden plötzlich die Umrisse einer Katastrophe sichtbar, wie ein Unwetter, dessen dunkle Wolken sich in den Bergen am Stadtrand zusammenbrauen und die man von hier oben im Aussichtsrestaurant schon sehen kann. Ein Amerikaner in Pjöngjang, der sein Visum verloren hat, der also ohne Visum hier ist. Das ist ein Problem, ein sehr großes Problem.

Ich erkenne langsam, was da auf uns zurollt. Und ich merke noch etwas anderes. Unsere Aufpasser distanzieren sich von uns, sie stellen Fragen, die uns die Schuld zuschieben. Noch merkwürdiger aber ist, dass sie sich voneinander entfernen. Jeder scheint damit beschäftigt, dass die Geschichte nicht an ihm hängen bleibt. Es wird viel telefoniert in den nächsten zwei Stunden, viel hin und her gelaufen. Die Vorgesetzten, so viel merken wir gleich, finden es überhaupt nicht lustig, was da passiert ist. Es ist auch nicht so, dass einer der Oberen sagen könnte, okay, der ist eingereist, also musste er ja ein Visum haben, dann lassen wir ihn einfach ausreisen. Die Leute vom Außenministerium haben vor den Leuten an der Grenzkontrolle Angst und die vermutlich wieder vor ihren Vorgesetzten beim Militär. Plötzlich tut sich da ein Blick auf in die innere Verfasstheit einer Herrschaftsbürokratie, eines Staats, den man von außen oft als monolithisch und geordnet wahrnimmt. Eines Staats, vor dem seine treuen Beamten, von den Aufpassern für ausländische Gäste bis hin zu den hohen Chargen, offenbar eine Heidenangst haben.

Die Uhr tickt, in spätestens zehn Minuten müssen wir los, sonst verpassen wir den einzigen Flieger nach Peking. Aber es gibt noch keine Lösung, niemand weiß, wie man mit einem Amerikaner ohne Visum in Nordkorea umgehen soll. Von Minute zu Minute scheint das Problem zu wachsen. Auf dem Hemd von einem unserer Aufpasser haben sich dunkle Schweißringe gebildet. Wir bestellen noch einmal was zu trinken. Plötzlich fragt er, ob wir anderen denn schon in unseren Pässen nachgeschaut hätten. Klar, haben wir. Oder vielleicht doch nicht? Ich hole meinen Pass aus der Tasche, schlage ihn auf – und darin liegt Tobys Visumzettel. An der Rezeption müssen sie ihn bei unserer Registrierung falsch einsortiert haben. Ein Versehen des Hotelpersonals und eine Nachlässigkeit von mir, dass ich nicht gleich in meinen Pass geschaut habe. Nachdem das Visum wiederaufgetaucht ist, spielt einer unserer Aufpasser auf dem ziemlich verstimmten Klavier des Restaurants. Es wirkt, als müsse er sich selbst erst mal beruhigen. Aber seine Erleichterung zeigt mir noch mal, wie gefährlich die Situation war. Für fast zwei Stunden haben wir in den Abgrund blicken dürfen. Wir hatten den Eindruck, als würden wir das beunruhigende Mahlen der nordkoreanischen Bürokratie hören.

Als wir in den Bus steigen, der uns zum Flughafen bringen soll, fällt mir wieder auf, wie viele Soldaten um das Hotel herumstehen. Man sieht in Pjöngjang überall auf den Straßen viele Uniformierte, aber hier hat es den Anschein, als wollte das Militär noch mal extra sichergehen, dass auch tatsächlich jeder seinen Bus nimmt. Ich muss wieder an die regenflüchtenden Generäle beim Fackelmarsch denken und an Choe Un-cong, die wir im Kriegsmuseum von Pyöngyang getroffen haben. Mitte zwanzig, in olivfarbener Uniform führte sie durch die Ausstellung, die den Koreakrieg aus Sicht des Nordens zeigt. Eine junge Frau, die diesen Krieg und seine Schrecken nie erlebt hat, die aber mit der Staatspropaganda über diesen Krieg aufgewachsen war, mit der Erzählung, dass auch heute noch überall Spione aus den USA und Südkorea lauern. Es sind ziemlich drastische Aufnahmen von getöteten US-Soldaten zu sehen. Aber Un-cong schien das nichts auszumachen. Im Gegenteil: »Die Bilder zeigen die Strafe für die Verlierer«, sagte sie und lachte. Die Entmenschlichung des Gegners gab es auf beiden Seiten in diesem Krieg, erst so waren die grauenhaften Verbrechen möglich. Aber das Bedrückende an der Führung durch Un-cong war, dass diese Entmenschlichung in der Propaganda an jüngere Generationen weitergegeben wird. Dass junge Menschen wie sie in einer durchmilitarisierten Gesellschaft aufwachsen, die einen großen Teil ihres Zusammenhalts daraus bezieht, eine heimtückische Bedrohung von außen zu betonen. Un-cong hat im Museum einen Teil ihres Militärdienstes abgeleistet. Für Frauen dauert der drei bis sechs Jahre, für Männer sogar zehn. Den besten Teil ihres jungen Erwachsenenlebens verbringen Nordkoreaner also beim Militär.

Während unser Bus Pjöngjang verließ und wieder an Feldern vorbeifuhr, wo ein Bauer neben einem Ochsenkarren herging, waren wir allesamt erleichtert darüber, dass sich das Problem mit einem Amerikaner ohne Pass in Nordkorea gelöst hatte. Und bei mir hallte die Frage nach, warum der Koreakrieg und die Feindschaft zu den USA und Südkorea im Norden alles so durchdringt? Warum es nie gelungen ist, die Feindbilder zu überwinden, ja dass es manchmal so scheint, als seien sie bereits vor Trumps Präsidentschaft sogar noch stärker und drohender geworden? Warum war das so, und wie wurde das in Südkorea gesehen? Wie blickt der Süden auf die Atommacht Nordkorea?

KAPITEL 5

KOREAS TEILUNG UND DIE ROLLE SÜDKOREAS

Lee Young-kyu steht am Rand eines Feldwegs, wo brusthoch wilder Sesam wächst. Er reißt eines der handtellergroßen Blätter ab und saugt den ätherischen Duft ein. Für die Koreaner ist Sesam eine Wunderpflanze. Die Blätter haben heilende Kräfte, sagt Lee. »Du musst mal koreanisches Grillfleisch darin einwickeln, das ist am besten.« Er grinst und sieht hinüber zu einem Bauern, der Unkraut zwischen den Sesampflanzen entfernt. Lee, Anfang sechzig, klein und athletisch, ist einer, der immer zugepackt hat, der immer Kraft hatte und Mut und Zuversicht. Aber etwas hat sich da bei ihm verändert, schleichend und langsam ist die Angst gewachsen in ihm. Die Angst, die immer da war, die sich aber durch viel harte Arbeit wegdrücken ließ.

Vögel zwitschern über weiten Reisfeldern, die sich langsam gelblich färben, weil die Ernte naht. Uncheon könnte ein friedlicher Ort in Südkorea sein, wenn nicht hinter dem Bauern auf einer Böschung ein hoher Stacheldrahtzaun verliefe. Wenn da nicht die Wachttürme wären. Und die südkoreanischen Militärpolizisten, die sofort mit ihrem Jeep heranpreschen, sobald man dem rostigen Zaun zu nahe kommt. Die uns misstrauisch ausfragen und dann wegschicken, aber uns noch lange nachschauen und in ihre Funkgeräte sprechen.

Plötzlich zerreißen Donnerschläge die Idylle, gefolgt von einem Zischen, als würde etwas durch die Luft schießen. Unwillkürlich ziehen wir die Köpfe ein. »Panzerkanonen«, sagt Lee trocken. »Sie machen wieder Manöver auf unserer Seite. Das machen sie immer, wenn die Situation angespannt ist.« Inzwischen kann er am Kanonendonner sogar das Kaliber der Geschosse erkennen, mit denen Südkoreas Panzer schießen. Nicht dass er stolz darauf wäre. Er weiß es eben, so wie er auch um die Wirkung von Sesamblättern weiß. Es ist Teil seines Alltags, Teil seines Lebens im Schatten der Grenze zwischen Nord- und Südkorea.

Der Stacheldraht, die Reisfelder, die Militärpolizisten – das ist Lees Welt, seit er denken kann. Sein Vater ist während des Koreakriegs aus dem Norden geflohen. Er stammt aus Cholsan: grüne Hügel, Eichen- und Pinienwälder, ein Bauernhof, am Horizont das Gelbe Meer. Lees Vater hat den Verlust seiner Heimat nie verkraftet. Er wollte deshalb so nah wie möglich am Norden leben, auch jetzt noch, mit über fünfundneunzig Jahren, da er kaum noch darauf hoffen kann, sein altes Zuhause jemals wiederzusehen. Lee hat das nie recht verstanden. Er hasst die Trennung und den Kanonendonner und würde lieber woanders wohnen. In Seoul oder noch lieber in Kanada oder Frankreich. »Irgendwo jedenfalls«, sagt er und blickt Richtung Grenzzaun, »wo man ganz entspannt leben kann. Ohne solche Sorgen und Ängste.«

Manchmal bringt Lee seinen Vater in die Nähe des Zauns, und sie blicken zusammen hinüber in die Demilitarisierte Zone, den vier Kilometer breiten Grenzstreifen, der Nord- und Südkorea entlang des achtunddreißigsten Breitengrads trennt.

Weil kaum jemand in diese Zone darf, hat die Natur sie sich zurückgeholt. Am Horizont sind grüne Hügel wie in Cholsan. Manchmal steigen Reiher auf vom Flussbett des Imjin. Hinter den Hügeln liegt Nordkorea. »Mein Vater weint dann immer«, sagt Lee und schweigt einen langen Moment, in dem sich seine Hand um ein Zaunstück ballt. »Und ich spüre seinen Schmerz.«

Man braucht nicht viel Vorstellungskraft, um diesen Schmerz nachzuempfinden. Es gibt Abschnitte an dieser Grenze, die vollbehangen sind mit bunten, schmalen Bändern, auf denen Grüße an die unerreichbar entfernten Verwandten jenseits des Zauns stehen. Zu Chuseok, dem Erntedankfest, bringen die Südkoreaner Essen mit und stellen es am Zaun ab, als könnten sie so zumindest in Gedanken ein gemeinsames Mahl mit ihren Verwandten im Norden einnehmen. Oder die Gräber der Familie besuchen. Es ist ein trauriger Anblick, wenn sie die Teller abstellen, sich verbeugen wie zum Gruß. »An Chuseok ist es besonders schlimm«, sagt Lee. »Dann sind die Älteren sehr traurig.« Dann stehen sie am Zaun und schauen reglos hinüber, als könnte ihr Blick bis dahin reichen, wo der andere Teil ihrer Familien lebt.

Während der deutschen Teilung konnte man zumindest vom Westen aus den Osten besuchen und einige aus dem Osten auch den Westen. Es gab eine Art Grenzverkehr über den innerdeutschen Todesstreifen hinweg. In Korea ist das anders, die Teilung ist umfassend und unnachsichtig. Dort war es schon eine große Sache, als im März 2001 in der Demilitarisierten Zone Briefe von Familien ausgetauscht wurden. Oder dass getrennte Familien sich treffen konnten. Da standen sie sich dann gegenüber, nachdem sie sich Jahrzehnte nicht gesehen hatten, und konnten den Moment kaum fassen. Die einen lachten, andere weinten hemmungslos, wieder andere waren wie erstarrt und unter Schock, weil sie mit dem Übermaß an Gefühlen nicht zurechtkamen. Das Brutale an diesen Begegnungen war, dass sie nur kurz dauerten. Dann musste jeder wieder zurück und wusste nicht, ob und wann man sich wiedersehen würde. Koreas Teilung zerreißt Familien, und vielen zerreißt sie das Herz.

»Beim Kampf der Wale wird die Garnele zu Tode gequetscht«, sagt ein altes koreanisches Sprichwort. Man stutzt zunächst ein bisschen über diesen Blick auf die Welt und die eigene Geschichte. Korea, eine Garnele? Und wer sind dann die Wale? China ganz sicher jedenfalls. Das Joseon-Königreich, so selbstbewusst und eigenständig es war, zollte dem chinesischen Kaiser jährlich Tribut. Dort der Kaiser, hier ein König. Das machte den Unterschied schon deutlich. Ende des 19. Jahrhunderts gewann das immer mächtiger werdende Kaiserreich Japan Einfluss in Korea. Oder vielleicht sollte man besser sagen, Japan übernahm Schritt für Schritt die Herrschaft in Korea. Das Königreich Joseon war am Ende, und zwischen 1910 und 1945 war Korea formal eine Kolonie Japans. Für Korea war das eine traumatische Zeit, weil die Kolonialmacht eine brutale Japanisierung durchzusetzen versuchte: Koreanische Paläste wurden zerstört, Koreanisch durfte vielerorts nicht mehr gesprochen werden, selbst koreanische Familiennamen mussten zeitweise durch japanische ersetzt werden. Während des Zweiten Weltkriegs mussten Koreaner zur Zwangsarbeit in japanische Fabriken. Zehntausende Koreanerinnen wurden von der japanischen Armee als sogenannte Trostfrauen rekrutiert, was in Wahrheit nichts anderes bedeutete als Zwangsprostitution. Für Japan war Korea eine Art Brückenkopf für eine Eroberung Chinas, mehr nicht. Korea zwischen den beiden Walen China und Japan. Das war die Lage zu Beginn des 20. Jahrhunderts.

Aber das änderte sich nach dem Ende des Zweiten Weltkriegs und der Kapitulation Japans im August 1945. Die Rote Armee rückte von Norden in Korea ein, etwas später folgten von Süden die US-Truppen. Ähnlich wie in Deutschland wurde Korea in Besatzungszonen geteilt, in diesem Fall waren es zwei: Die eine im Norden unterstand der Sowjetunion, die andere im Süden den USA. Die Trennung verlief in etwa entlang des achtunddreißigsten Breitengrads, der auch heute Nord- und Südkorea teilt. Wieder zwei Wale also, aber der Plan war zunächst, dass die Trennung nur vorübergehend sei und Korea bald wiedervereinigt werde. Nur konnten sich die Sowjetunion und die USA nicht darauf einigen, wie das geschehen sollte. Die Wale kämpften, es war Kalter Krieg. Und so gab es, um im Bild zu bleiben, bald zwei Garnelen.

Der Mann der Sowjetunion war Kim Il-sung, antijapanischer Guerillakämpfer und Kommunist, der in der Mandschurei gegen Japan gekämpft hatte und gerade erst nach Korea zurückgekehrt war. Im Süden setzten die USA auf Rhee Syngman, ein erbitterter Antikommunist, der während der japanischen Besatzungszeit Koreas lange Zeit in den USA gelebt hatte. Im August 1948 wurde im Süden die Republik Korea ausgerufen, mit Rhee Syng-man als erstem Präsidenten, einen Monat später im Norden die Demokratische Volksrepublik Korea, mit Kim Il-sung an der Spitze. Die Sowjetunion erklärte kurz darauf, Kims Regierung beanspruche die Souveränität über beide Teile Koreas, während die Vereinten Nationen umgekehrt nur die Regierung des Südens als legitime Vertretung der beiden Koreas akzeptierte. Demokratien waren beide Staaten nicht. Kim Il-sung etablierte im Norden eine Volksrepublik nach sowjetischem Modell, Rhee im Süden eine autokratische Republik unter seiner Führung. Die Überwindung der Teilung war ein zentrales politisches Ziel im Norden wie im Süden, allerdings jeweils unter der eigenen Führung und auf der Grundlage des eigenen politischen Systems. Das war die Sackgasse, die im Grunde bis heute besteht.

Kurz nach der doppelten Staatsgründung im Norden und Süden Koreas zogen die Sowjetunion und die USA ihre Truppen von der koreanischen Halbinsel ab. Und es erschien ein dritter Wal. Oder besser: Er tauchte wieder auf. Chinas Rote Armee hatte 1949 den blutigen Bürgerkrieg gegen die Kuomintang gewonnen, Mao Zedong und Chinas Kommunistische Partei waren die neuen Herrscher in Peking. Aber an Chinas Blick auf Korea hatte sich wenig geändert. Mao hatte keine Einwände gegen Kim Il-sungs Plan zur gewaltsamen Vereinigung der beiden Koreas. Mao glaubte, die Amerikaner würden, »wegen eines so kleinen Territoriums keinen dritten Weltkrieg riskieren«. Schon zuvor hatte Kim Il-sung von Stalin die Zustimmung zum Krieg gegen den Süden erhalten. In einem Telegramm an Mao ließ Stalin wenige Wochen vor Kriegsbeginn ausrichten, man stimme dem Vorschlag der Koreaner zu, bei der Wiedervereinigung nun voranzugehen.

Kim Il-sung glaubte an einen einfachen, schnellen Sieg. Die Sowjetunion war bereit, Waffen, Munition und technische Ausrüstung zu liefern, die Angriffspläne waren mit Moskau und Peking abgesprochen. Aber er täuschte sich. Nach schnellen Erfolgen, und nachdem Nordkorea schon fast die gesamte koreanische Halbinsel erobert hatte, griffen die USA mit einem Mandat der Vereinten Nationen in den Krieg ein. Unter dem Kommando von US-General Douglas MacArthur landeten amerikanische Truppen bei Incheon, in der Nähe von

Seoul, und drängten die Nordkoreaner hinter den achtunddreißigsten Breitengrad zurück, womit eigentlich der Status quo wiederhergestellt war. Aber in Washington galt inzwischen die Strategie des »rollback«, also den kommunistischen Einfluss, wo es ging, zurückzudrängen. US-Präsident Harry Truman entschied, dass die Truppen weiter Richtung Norden marschieren sollten. Dies führte zum Kriegseintritt Chinas, das Nordkorea mit Hunderttausenden angeblich freiwilligen chinesischen Kämpfern half. Die Sowjetunion mischte sich zwar nicht offen in die Kämpfe ein, unterstützte den Norden aber nach Kräften. Viele sahen es damals als einen Stellvertreterkrieg. In Deutschland kam es zu Panikkäufen, weil die Menschen einen dritten Weltkrieg befürchteten.

Der Kriegseintritt Chinas brachte die US-Truppen in schwere Bedrängnis. In dieser Situation verlangte MacArthur den Einsatz von vierunddreißig Atombomben gegen Ziele in Korea, der Mandschurei und anderen Regionen Chinas. Es hätte die Ausweitung des Koreakriegs auf China bedeutet, aus einem konventionellen wäre ein nuklearer Krieg geworden. MacArthur konnte sich damit nicht durchsetzen. Ein Krieg gegen China sei »der falsche Krieg, am falschen Ort, zur falschen Zeit, gegen den falschen Feind«, befand der Vorsitzende des Vereinigten Generalstabs in Washington, General Omar Bradley. MacArthur wurde abgesetzt. Aber seine Idee entwickelte ihre eigene Wirkung. Die nukleare Drohung ist auf der koreanischen Halbinsel jedenfalls nichts, was die Kims im Norden erst erfunden hätten. Das haben sie sich eher von den USA abgeschaut.

Die Bilanz des Kriegs war fürchterlich. Die Angaben zu den Zahlen der Toten schwanken stark, weil bis heute insbesondere nicht klar ist, wie viele Zivilisten starben. Vermutlich fielen insgesamt rund drei Millionen Koreaner, zwei Drittel davon im Norden. Westliche Quellen schätzen, dass über 400 000 chinesische Kämpfer getötet wurden. 37 000 Soldaten der UN-Truppen starben, die meisten von ihnen Amerikaner. Die amerikanische Luftwaffe hatte die Städte im Norden in Schutt und Asche gelegt. Korea war eine Ruinenlandschaft und ein tief gespaltenes Land. Denn auch unter den Koreanern hatte es grauenhafte Kriegsverbrechen gegeben, die bis heute nicht aufgearbeitet wurden.

Lee Young-kyu lebt nicht weit entfernt von den Schlachtfeldern, auf denen sich beide Seiten zum Ende in einem fürchterlichen Stellungskrieg bekämpften. Im Haus ein großer leerer Raum mit Wäsche, nebenan hört man den Fernseher. Sein Vater sitzt da und sieht einen Historienfilm. Ein gebrechlicher Mann, der um jeden Preis im Schatten der Grenze leben wollte, um bei einer Wiedervereinigung so schnell wie möglich wieder in den Norden zu ziehen, nach Cholsan. Es muss schwierig gewesen sein für die Familie. Lees Frau wollte weg, weg vom Kanonendonner und der Propagandabeschallung aus dem Norden, die man auch durch die geschlossenen Fenster hört. Sein Vater war dagegen. Der Sohn sagt: »Ich konnte mich dem Willen meines Vaters hierzubleiben nicht widersetzen.«

Nun geht seine Frau in Seoul zur Arbeit und kommt nur am Wochenende nach Hause. Lee Young-kyu betreibt den Bauernhof des Vaters, ist inzwischen der Bürgermeister des Orts. »Ich habe mich schon daran gewöhnt«, sagt er, und man sieht, dass das nicht stimmt. Das Haus ist leer, sein Sohn und seine Tochter haben beide geheiratet und sind weggezogen. Er sieht sie nicht oft. An einer Wand hängen Familienbilder, seine Frau in koreanischer Tracht, der Vater vorne in der Mitte sitzend. Ein Moment für den Fotografen, denke ich mir, als ich mit Lee davorstehe, und dann zerren Koreas Teilung und diese Grenze wieder alle auseinander. Die einen wollen so schnell wie möglich weg, weil sie es nicht mehr aushalten. Die anderen können nicht anders, als dazubleiben, als bräuchten sie den Schmerz, um die Erinnerung nicht zu verlieren.

Von Lees Ort mit den geduckten, eng beieinanderstehenden Häusern, auf deren Vordächern Kürbisse wachsen, führt eine schnurgerade Straße hoch zur Demilitarisierten Zone, geschaffen nach dem Koreakrieg. Vor der Brücke, die über den Imjin führt, stehen gelbschwarze Absperrgitter und viele südkoreanische Militärpolizisten. Sie prüfen unsere Pässe und gleichen sie mit ihren Listen ab. In diese Zone darf man nur mit besonderer Erlaubnis. »Und keine Fotos«, sagt die Wache noch, bevor wir über die Brücke fahren.

Die Straße ist gut ausgebaut, und immer wieder kommen große Wegweiser zu Orten im Norden, geradeso, als gäbe es die Teilung gar nicht. Einer der Orte, die da auftauchen, ist Kaesong. Dort haben südkoreanische Unternehmen Fabriken mit nordkoreanischen Arbeitern betrieben. Textilien, Haushaltsgeräte, Autoteile für Nord- und Südkorea, für China. Ein bisschen Wandel durch Handel. So war die Hoffnung. In zwölf Kilometern links ab, sagt das Schild. Geht nicht. Kaesong, die Sonderwirtschaftszone auf nordkoreanischer Seite, das Symbol für eine vorsichtige Annäherung der beiden Koreas, hat Südkorea Anfang 2016 nach einem Raketenstart des Nordens geschlossen. Also nicht links ab, sondern weiter geradeaus, durch ein Stacheldrahttor von der Höhe eines Hauses, hin zum einzigen Ort an dieser Grenze, wo sich Nord und Süd nahe kommen.

Panmunjeom liegt mitten in der Demilitarisierten Zone. Ein merkwürdiger Ort. Ganz still ist es dort. Vor drei blauen

Baracken sind südkoreanische Militärpolizisten postiert, die selbst bei Regenwetter dunkle Sonnenbrillen tragen. Breitbeinig in einer Art Taekwondo-Stellung, die Arme angewinkelt, Fäuste nach vorne, als würden sie einen Angriff erwarten. So starren sie Richtung Norden, wo nordkoreanische Soldaten stehen, die Richtung Süden starren. Es ist wie ein grotesker Wettbewerb im Sichanstarren. Wer blinzelt, hat verloren. Vielleicht deswegen auch die Sonnenbrillen. Einer der Soldaten ist unser Begleiter und Aufpasser. Er stellt sich als Gefreiter Lee vor, trägt auch eine Sonnenbrille und ist ganz sicher über der Mindestgröße von einem Meter dreiundsiebzig für jeden Südkoreaner, der hier Wache steht. Seine Anweisungen sind knapp und barsch. Fünf Minuten hier. Nicht Richtung Norden zeigen, keine Handzeichen machen. Nicht die Betonschwelle übertreten.

Die Betonschwelle, das ist die Grenze zwischen Norden und Süden. Sie verläuft genau in der Mitte durch die blauen Baracken. Drinnen stehen ebenfalls genau auf dieser Grenzlinie Konferenztische. Die Stühle auf der einen Seite gehören zu Südkorea, die auf der anderen Seite zu Nordkorea. Auf dem Tisch sind Tischmikros, damit man in den Regierungszentralen in Pjöngjang und Seoul mithören kann, was die Unterhändler miteinander besprechen. Wenn sie denn mal miteinander sprechen, was nicht so oft vorkommt. Zwei Minuten noch, ruft der Gefreite Lee. In der Baracke darf man auf die andere Seite, und deshalb gehe ich um den Tisch herum, stehe also in Nordkorea. Irgendwie banal. Derselbe Raum, derselbe Tisch, nur von der anderen Seite. Grenzen haben immer etwas Merkwürdiges, weil sie eine unsichtbare Linie ziehen, die willkürlich scheint und doch alles bestimmt. Aber in Panmunjeom wirkt es besonders grotesk.

Panmunjeom ist beides: ein Ort, so still und angespannt, dass man den Eindruck hat, als wäre der Koreakrieg nur eingefroren, als könnte er jeden Moment wieder ausbrechen. Und ein Ort, an dem immer mal wieder die Hoffnung aufkeimt, dass dieser ungelöste Konflikt beigelegt werden könnte. Dass aus dem Waffenstillstand, der an diesen Tischen 1953 geschlossen wurde, ein echter Frieden werden könnte.

So ging das immer seit dem Ende des Koreakriegs. Wann immer Hoffnung auf eine Annäherung aufkeimte, kam bald darauf, meist aus dem Norden, ein Rückzieher, wurden Versprechungen nicht eingehalten, folgten statt Entgegenkommen neue Drohungen. In Pjöngjangs Propaganda wird der Süden stets als Marionettenregime der US-Imperialisten verunglimpft. Das Ziel Nordkoreas sei, so heißt es dort immer, die friedliche Vereinigung der beiden Koreas, selbstverständlich zu den Bedingungen des Nordens. Und die lauten vor allem: Abzug der amerikanischen Streitkräfte, Konföderation, Regimewechsel in Seoul. Mitte der Fünfzigerjahre erklärte Kim Il-sung in einer Rede, die Rolle von Koreas Arbeiterpartei sei es, die Menschen im Süden zur Revolution zu ermutigen. Bei einem Besuch in Peking Mitte der Siebzigerjahre erklärte Kim: Wenn in Südkorea eine Revolution ausbreche, werde der Norden nicht nur zusehen. Man sei Teil einer Nation und werde die Bevölkerung Südkoreas energisch unterstützen. Falls der Süden einen Krieg beginne, werde man darauf entschieden reagieren und den Gegner vernichtend schlagen. In so einem Kampf werde man höchstens die militärische Demarkationslinie (MDL) verlieren, aber die Vereinigung des Vaterlands gewinnen. Hinter verschlossenen Türen ging Kim Il-sung bei diesem Besuch noch wesentlich weiter. Er selbst wollte diesen Krieg beginnen und bat den schon schwerkranken Mao Zedong um die Erlaubnis, im Süden einzumarschieren. China sollte Nordkorea bei diesem zweiten Koreakrieg erneut unterstützen. Ein irrer Plan nach all den Verwüstungen des ersten Kriegs. Diesmal zumindest stimmte China nicht zu.

Nordkorea aber schreckte das nicht ab, es unterstützte radikale Gruppierungen im Süden und hoffte so auf einen Umsturz. Für Kim Il-sung wie für seine Nachfolger schien immer klar, dass Südkorea eine Art Verräterstaat ist, der sich nur durch die massive Militärpräsenz der USA am Leben halten kann. Die Überwindung der Teilung würde aus Sicht des Nordens letztlich den Sieg über den Süden bedeuten. Manchmal scheint es, als hätten Phasen der Entspannung eher dazu gedient, militärisch stärker zu werden, als wirkliche Aussöhnung zu suchen. Nordkorea sieht sich als wahrer Vertreter der koreanischen Nation, und Kim Jong-un folgt in seiner Forderung nach einer Vereinigung der beiden Koreas ganz der Tradition seiner beiden Vorgänger.

In seiner Neujahrsansprache 2017 erklärte Kim Jong-un: »Die internationale Gemeinschaft, die Unabhängigkeit und Gerechtigkeit schätzt, sollte sich den USA und seinen Vasallen widersetzen, die den Frieden auf der koreanischen Halbinsel gefährden und die Wiedervereinigung verhindern. Unsere Nachbarländer sollten die Anstrengungen unserer Nation zur Wiedervereinigung unterstützen.« Damit bleibt auch Kim Jong-un bei dem Standpunkt, dass eine solche Vereinigung von Pjöngjang am Ende gewaltsam herbeigeführt werden könnte. So wie das sein Großvater Kim Il-sung versucht hat.

Die Grenze war aus diesem Grund immer eine Frontlinie. Vielleicht ist sie auch deshalb mit keiner anderen in der Welt vergleichbar. Auch nicht mit der innerdeutschen Grenze oder der Berliner Mauer, die brutal und menschenverachtend gegenüber jedem war, der zu fliehen versuchte, und die nach einer neuen Untersuchung des Forschungsverbunds SED-Staat der Freien Universität Berlin insgesamt mindestens 466 Menschen das Leben kostete. Aber es gab in Deutschland keine Gefechte, man beschoss sich nicht gegenseitig oder griff entlegene Landesteile an. Es gab keinen Krieg im Kleinen, der jederzeit ausbrechen konnte. Genau das aber passiert an der koreanischen Grenze seit Jahrzehnten. Vieles davon geht im Nachrichtenstrom unter, vielleicht auch, weil es aus deutscher Sicht als zu weit weg erscheint. Es geht dabei um Schusswechsel, Gefechte, Entführungen, Terroranschläge von Seiten des Nordens. Besonders viele Vorfälle gibt es an der Grenze und innerhalb der Demilitarisierten Zone, daneben aber auch vor den Küsten im Japanischen und Gelben Meer entlang der sogenannten Nördlichen Grenzlinien, die von Nordkorea nicht anerkannt werden. Dort werden immer wieder südkoreanische Fischerboote aufgegriffen und die Besatzungen verschleppt. 1999, 2002 und 2009 kam es in dieser Gegend zu zum Teil tagelangen Seegefechten zwischen Marineschiffen.

Darüber hinaus hat Südkorea seit den Siebzigerjahren weit über ein Dutzend Tunnel an der Grenze entdeckt, durch die Nordkoreaner offenbar unbemerkt in den Süden vorrücken konnten. Ein Bericht an den US-Kongress aus dem Jahr 2003 geht davon aus, dass allein zwischen 1954 und 1992 so fast 3700 bewaffnete Agenten aus Nordkorea nach Südkorea kamen, um zu spionieren, Anschläge zu verüben oder Menschen zu verschleppen. Es gab Kommandounternehmen aus dem Norden, die Ende der Sechziger versucht haben, das Blaue Haus, den Sitz des südkoreanischen Präsidenten, zu stürmen und ihn zu ermorden. Es gab Bombenattentate auf Präsidenten und Attentatsversuche, bei denen eine Präsidentengattin ums Leben kam. Es gab Spionage-U-Boote aus dem Norden, die an der Ostküste Südkoreas strandeten, was zu einer wochenlangen Jagd auf nordkoreanische Agenten führte. Es sind Geschichten, wie sie sich ein Thrillerautor kaum ausdenken könnte. Die Grenze und die daran angrenzenden Regionen sind, wie Kriegsregionen, in einem ständigen Ausnahmezustand.

Natürlich gab es Spionage und Anschläge auch umgekehrt. Das US-Verteidigungsministerium vertraute dem amerikanischen Außenminister Henry Kissinger Mitte der Siebzigerjahre an, dass es rund zweihundert Kommandounternehmen des Südens in Nordkorea gegeben hat. Aber selbst, wenn man diese Zahl hochrechnet, ist sie weit geringer als das, was von Seiten des Nordens bekannt ist.

Wie wenig das eine normale Grenze ist, das habe ich auch gespürt, als wir nach dem Besuch in den blauen Baracken von Panmunjeom an einem Aussichtspunkt standen, von dem aus man ein nordkoreanisches Vorzeigedorf innerhalb der DMZ sehen kann. Die Südkoreaner nennen es Propagandadorf, weil der Süden von dort mit nordkoreanischer Propaganda beschallt wird, so wie es umgekehrt auch der Süden an anderer Stelle Richtung Norden macht. Der Wind trug eine verschwommene Frauenstimme hinüber, dann wieder nordkoreanische Blasmusik. Das Dorf rühmt sich, dass es lange Zeit den höchsten Fahnenmast der Welt hatte, an dem eine riesige Flagge Nordkoreas weht. Ein südkoreanisches Vorzeigedorf gibt es nur wenige Kilometer entfernt, das zuerst einen Fahnenmast hatte, einen niedrigeren. Man kann das bizarr finden oder lachen über so viel absurde Großmannssucht. Aber irgendwie bleibt einem das Lachen an so einem Ort schnell im Halse stecken.

Auch Bürgermeister Lee kann darüber nicht lachen. Er lebt im Schatten dieser Grenze, er kennt die Geschichten von nächtlichen Schusswechseln, von nordkoreanischen Agenten, die sich über die Grenze geschlagen haben. Wenn er aus seinem Haus tritt, den Vater mit dem Fernseher allein lässt und in Richtung seiner Reisfelder geht, dann kommt er am Rand seines Dorfs zu einer Art Stadtmauer, zwei, drei Stockwerke hoch. An einer Stelle gibt es einen Durchgang, gerade breit genug für ein Fahrzeug. Es sieht aus wie bei einer mittelalterlichen Burgfestung, nur dass es hier keine Zugbrücke gibt, sondern etwas anderes, kaum weniger Archaisches: Ganz oben auf der Mauer stehen auf dünnen Sockeln drohende Betonquader. »Wenn es zum Krieg kommt, sprengen unsere Soldaten die Sockel«, sagt Lee. »Die Betonblöcke fallen hinunter, damit die feindlichen Panzer nicht in unser Dorf kommen.« Natürlich weiß auch Lee, dass die Mauern und Betonblöcke einen Vormarsch nordkoreanischer Truppen höchstens kurz aufhalten würden, dass sie ihm, dem Bürgermeister, nur etwas Zeit verschaffen würden. Er ist verantwortlich dafür, das Dorf zu evakuieren. Aber die meisten hier sind alt, bei denen ginge das nicht so schnell. »Natürlich mache ich mir Sorgen«, sagt Lee.

Südkoreas Nachkriegspolitik gegenüber Nordkorea funktionierte nach einem ähnlichen Prinzip wie die Verteidigungsanlagen von Lees Dorf. Nach dem Koreakrieg beschloss das Land mit den USA ein gegenseitiges Verteidigungsbündnis, das die Stationierung von derzeit fast 24 000 US-Soldaten mit einschloss. Bis Anfang der Neunzigerjahre waren auch amerikanische Atomwaffen in Südkorea stationiert. Die Abschreckung gegen den Norden und der atomare Schutzschirm für den Süden bestehen weiter, nur dass die amerikanischen Atomraketen heute anderswo stationiert sind. Amerikanische und südkoreanische Truppen halten auch regelmäßig große gemeinsame Manöver zu Lande, zu Wasser und in der Luft ab. Für den Süden sind das Übungen zum Schutz vor einem Angriff aus dem Norden. Für Nordkorea sind es Vorbereitungen für einen Überfall auf sein Territorium. Es mobilisiert deshalb seine eigenen Streitkräfte oder provoziert mit Raketentests. Die Tatsache, dass die wichtigsten Manöver in der Regel im Frühjahr und Herbst stattfinden, bedeutet für Nordkorea außerdem, dass bei der Aussaat und Ernte auf den Feldern Kräfte fehlen, weil die wegen der Manöver beim Militär als unabkömmlich gelten. In Entspannungsphasen haben die USA und Südkorea deshalb auf Manöver verzichtet, um die Ernte im Norden nicht zu gefährden. Aber im Moment ist die Lage dafür viel zu angespannt.

Für Washington war Südkorea nach dem Koreakrieg vor allem ein Bollwerk gegen den weltweiten Kommunismus. Deshalb akzeptierte es auch dessen Regime, das alles andere als demokratisch war und sich oft genug wenig um Menschenrechte scherte. Südkoreas Nachkriegsgeschichte ist geprägt durch autoritäre Anführer, die das Land scharf vom Norden abgrenzten, Oppositionelle und Widersacher unterdrückten, Wahlen fälschten und sich selbst und ihren Verbündeten die Taschen füllten. Südkoreas erster Präsident Rhee Syng-man ließ Kommunisten jagen und Tausende ermorden, bis er vor landesweiten Protesten wegen Wahlfälschungen 1960 nach Hawaii flüchtete.

Kurz darauf übernahm Park Chung-hee in einem Militärcoup die Macht in Südkorea. Er ließ auf den Druck Washingtons hin zwar Wahlen zu, aber als er die dritte 1971 nur knapp und wieder mit massiven Fälschungsvorwürfen gewann, erklärte er im Land das Kriegsrecht und sich selbst zum Präsidenten auf Lebenszeit. In Parks Amtszeit fällt Südkoreas erstaunlicher wirtschaftlicher Aufstieg, in dem der Süden den Norden immer weiter abhängte. Zunächst nämlich war es nach dem Koreakrieg so, dass der Norden dank sowjetischer Hilfe viel schneller auf die Beine kam und die vor dem Krieg bestehenden industriellen Anlagen rasch wiederaufbauen konnte. Erst in den Siebzigerjahren wendete sich unter Park langsam das Blatt, und Südkorea stieg zur heute elftgrößten Wirtschaftsmacht der Welt auf.

Eine Demokratie im eigentlichen Sinne wurde das Land aber erst Anfang der Neunzigerjahre. Erst da änderte sich langsam auch die Politik gegenüber Nordkorea. Die Idee war, Nordkorea, das nach dem Zusammenbruch der Sowjetunion in schweren wirtschaftlichen Schwierigkeiten steckte, wirtschaftlich zu unterstützen und so eine Annäherung zu erreichen. Südkoreas Präsident Kim Dae-jung steht für diese sogenannte »Sonnenscheinpolitik«, die er im März 2000 in einer Rede in Berlin darlegte: »Die Wiedervereinigung Deutschlands und die Beziehungen zwischen Ost- und Westdeutschland in den vorangehenden Jahren bringen für uns wertvolle Vorlagen für die Nordkoreapolitik meines Landes.« Südkoreas Präsident propagierte insbesondere eine Art von koreanischer »Ostpolitik«, die darauf abzielte, Wandel herbeizuführen durch Austausch, Dialog und eine Politik der Entspannung und friedlichen Koexistenz.

Im Juni reiste Kim Dea-jung sogar nach Pjöngjang. Zum ersten Mal seit 1945 trafen sich die Präsidenten der beiden Koreas zu einem Gipfel. In diese Zeit fallen auch die Sechs-Parteien-Gespräche über eine nukleare Abrüstung Nordkoreas, an denen China, Japan, Russland, die USA und beide Koreas teilnahmen. Aber der Sonnenschein war nicht von Dauer.

Nordkorea hielt sich nicht an seine Versprechungen, es gab neue Angriffe aus dem Norden, und in Südkorea kamen konservative Regierungen an die Macht, deren Strategien wieder darauf abzielten, durch harte Sanktionen und eine weitgehende Isolierung des Nordens den Kollaps des Regimes in Pjöngjang herbeizuführen.

Die Jahrzehnte der Drohungen und gescheiterten Annäherungen, einer Politik, die wie ein Pendel hin und her schlägt zwischen Sonnenschein und Kriegsdonner, haben die Südkoreaner ziemlich abgehärtet. Sie sind viel gewöhnt und lassen sich nicht so leicht aus der Ruhe bringen. Seit der Schulzeit kennen sie diese Alarmübungen, bei denen sie in Bunker rennen oder sich mit genau vorgeschriebenen Handgriffen die Gasmasken überziehen müssen. Wenn man früher in Seoul auf dem Dongdaemun-Nachtmarkt saß, frittierte Puffer mit Kimchi aß und Südkoreaner fragte, ob sie sich wegen des letzten Raketentests Sorgen machten, lachten sie einen manchmal fast aus. Ihr Westler, was seid ihr so besorgt, das machen die in Pjöngjang doch immer. Und schau, bislang ist nie was passiert. Doch diese Einstellung ändert sich gerade.

In Seoul haben inzwischen Schamanen Hochkonjunktur, die den Verängstigten die Zukunft vorhersagen. Wird es Krieg geben? Jang Yong-hoon im weißen, weiten Überhemd setzt sich in den Schneidersitz, schüttelt den Glöckchenstab und den Kopf und versucht sein Bestes. Sechzig bis siebzig Prozent seiner Kunden fragten ihn wegen eines Kriegs mit Nordkorea, sagt Jang, wobei das nur sein bürgerlicher Name ist. Als Schamane will er Byeorakdaegam genannt werden. Immerhin, die meisten seien noch nicht so weit, dass sie Essen horteten, sagt er und zündet zur Sicherheit noch ein paar Kerzen und Räucherstäbchen an.

Wobei, ein paar machen das schon. Im Internet sind Videos beliebt, die Überlebenstipps für den Fall eines Angriffs geben. Kang Yoo-mi hat eines davon veröffentlicht. Sie ist Anfang dreißig, eigentlich Comedian, aber nach Witzen ist ihr derzeit nicht zumute. Im Video sieht man sie den Notfallrucksack packen mit Essensrationen in der Tüte, Taschenlampe, Schlafsack und Atemschutzmasken für einen Giftgasangriff. Sie könne sich nicht selbst einen Bunker bauen, sagt Kang. Aber wenigstens auf den Fall vorbereiten wolle sie sich, »dann kann ich vielleicht doch überleben«.

Als Moon Jae-in im Mai 2017 zum neuen Präsidenten gewählt wurde, versprach er zunächst eine Wiederaufnahme der Sonnenscheinpolitik. Doch nach all den Raketen- und Atomtests aus dem Norden, nach all den Drohungen von Kim Jong-un hat Moon erklärt, dass Gespräche mit Nordkorea derzeit sinnlos seien, und betreibt stattdessen eine massive Aufrüstung. Das Land will seine Kurzstreckenraketen ausbauen und ein weiteres Raketenabwehrsystem an der Grenze installieren.

Einige Einflussreiche in Südkorea wollen sogar noch mehr. In einem großen Konferenzraum mit weitem Blick über Seoul sitzt Koo Young-hwan. Hinter sich eine Bücherwand und Bilder hochrangiger Politiker, die hier zu Besuch waren. Vor sich eine Flagge Südkoreas und das Logo des regierungsnahen Instituts für nationale Sicherheitsstrategie. Koo war einmal Übersetzer für Kim Il-sung, ist dann übergelaufen und ist heute Vizepräsident dieses Instituts. Er ist einer derjenigen, die immer davor warnen, sich in Bezug auf Nordkorea irgendwelchen Illusionen hinzugeben, also einer, der eher für den Donner als für den Sonnenschein steht. Koo glaubt, wenn Nordkorea so weitermache, müsse sich der Süden überlegen, wieder amerikanische Atomwaffen zu stationieren. »So ähnlich wie bei Ihnen in Deutschland«, sagt er. »Da stehen die Atomwaffen ja auch unter gemeinsamer Aufsicht der USA und NATO.« Koo hat großen Einfluss, und er gehört mit seinen Aussagen durchaus zu denen, die noch zurückhaltend sind. Viele fürchten, dass Südkorea nicht mehr allein auf den nuklearen Schutz der USA vertrauen, sondern selbst Atomwaffen entwickeln sollte. Dies wurde in den Sechzigerjahren bereits versucht. Und auf Druck der USA hin aufgegeben. Aber die angespannte Lage auf der koreanischen Halbinsel könnte zu einem atomaren Wettrüsten führen, in dem jeder für sich nach größtmöglicher Abschreckung sucht.

Natürlich sehen das längst nicht alle Südkoreaner so. Ein erheblicher Teil der Bevölkerung lehnt schon das Raketenabwehrsystem THAAD ab, das die USA in Seongjun, gut zweihundert Kilometer südlich von Seoul, installiert haben. Präsident Moon hat nach einigem Hin und Her aber zugestimmt. Bei denen, die auf der Straße von Seongjun sitzen und gegen die Stationierung protestieren, hat ihn das viel Sympathie gekostet, manchen gilt er gar als Verräter. Eigentlich soll THAAD Südkorea vor Kims Raketen schützen. In Seongjun aber fürchten sie, dass es die Gegend erst recht zum Ziel macht. Katholiken und Buddhisten, alte Bäuerinnen und Studenten blockieren gemeinsam die Zufahrtsstraße. An den Mauern des kleinen Supermarkts hängen »Fuck off USA«-Flaggen. Drei katholische Priester feiern mit einigen Nonnen und anderen eine Messe, während derer es eine ziemlich laute oder eher gebrüllte Predigt von einem Pfarrer mit Che-Guevara-Flaum gibt. Die Szene dort erinnert fast ein wenig an Deutschland in den Achtzigerjahren zu Zeiten des Nato-Doppelbeschlusses, als Pershing-II-Raketen zur atomaren Abschreckung gegenüber dem Warschauer Pakt stationiert wurden. Es ist die alte Frage: Kann man den Frieden schützen, indem man gegen das Raketenabwehrsystem protestiert? Für ein Land mit weniger Waffen? Oder braucht Kim Jong-un eine wirksame Gegenwehr, Abschreckung mit noch gefährlicheren Waffen und einer wirksamen Verteidigung?

Es gibt jedenfalls kaum eine Region auf dieser Welt, für die Militärs mehr Kriegsszenarien entworfen hätten, als für die koreanische Halbinsel. Das Ergebnis ist erschreckend, selbst wenn man nicht von einem nuklearen, sondern von einem konventionellen Krieg ausgeht. Weil der Großraum Seoul mit seinen rund fünfundzwanzig Millionen Einwohnern direkt an der Grenze zu Nordkorea liegt und damit in Reichweite der nordkoreanischen Artillerie, rechnet das Pentagon bei einem konventionellen Angriff mit 20 000 Toten in Südkorea pro Tag. Bei einem nuklearen wären es folglich noch viel mehr. Die größte Gefahr derzeit ist weniger, dass eine Seite einen solchen Krieg bewusst herbeiführen würde. Sie besteht eher darin, dass es an der Grenze zu einem Zwischenfall kommt, einem für sich genommen kleinen Vorfall, der außer Kontrolle gerät. Es wäre ja auch nicht das erste Mal, dass dort so etwas passiert. Das allein zeigt schon, wie nahe wir dem Wahnsinn eines neuen Koreakriegs stehen.

In Lee Young-kyus Dorf im Schatten dieser Grenze haben sie vor kurzem einen Bunker gebaut, der sie auch schützen soll, wenn eine Atombombe über Seoul explodiert. Sie waren die Ersten, inzwischen haben es ihnen andere Dörfer nachgemacht. »Jeder hat Angst hier«, sagt Lee, während er die schwere Metalltür des Schutzkellers aufschiebt, auch wenn nicht jeder offen darüber spricht. Drinnen testet er die Wasserhähne und schaut nach den Vorräten. Glaubt er, dass es wieder Krieg geben kann? »Ja, ich denke schon, dass das möglich ist«, sagt Lee. Wenn Kim Jong-uns Vater noch am Leben wäre, wäre die Situation anders. Der war erfahrener als der Sohn. Aber es ist nicht nur Kim Jong-un, der Lee besorgt, sondern auch die Wale, die immer da sind in Koreas Geschichte. »Wenn die großen Mächte mit ihren eigenen Interessen zusammenstoßen, kann Korea leicht ein Opfer werden. Schau, wir sind ein kleines Land, das wegen der großen Einflüsse immer hin und her geschoben wurde. Die USA und China üben ihre Macht zugunsten ihrer Interessen aus. Das ist ein Problem, das besorgt uns am meisten.«

KAPITEL 6

SANKTIONEN UND WIE NORDKOREA SIE UMGEHT

Sechs Fernrohre stehen aufgereiht vor dem kleinen Kiosk von Frau Wang, und für umgerechnet zwei Euro fünfzig kann man einen Blick hinüberwerfen nach Nordkorea. Ich drehe am Schärferad des Fernrohrs und schaue plötzlich in das breit grinsende Gesicht von Kim Il-sung, dem Staatsgründer. Sein Porträt hängt über dem Eingang zu einem Stadion, in dem Hunderte Soldaten exerzieren. Der Wind trägt die Kommandos und das Brüllen der Soldaten bis hinauf zu diesem Ausflugshügel auf chinesischer Seite, der dicht bewaldet ist. Die Hügel auf der nordkoreanischen Seite sehen ganz anders aus. Sie sind baumlos und kahl, wie abgenagt von der Suche nach Brennholz.

Die Stadt drüben in Nordkorea heißt Hyesan. Ich stehe auf der chinesischen Seite in Changbai. Zwischen den beiden Orten fließt der Yalu, kaum sechzig Meter breit und an manchen Stellen so seicht, dass man durchwaten kann. Von meinem Aussichtspunkt kann ich auch gut die erst vor wenigen Jahren gebaute Brücke sehen, die über den Fluss führt. Auf chinesischer Seite steht davor ein großes Gebäude der Zollverwaltung. Der allergrößte Teil des nordkoreanischen Handels läuft über China. Der Warenstrom über die Brücke von Changbai ist eine Lebensader für Kim Jong-un. Ohne sie würde sein Regime nicht überleben.

Wenn im UN-Sicherheitsrat in New York über neue Sanktionen beraten wird, dann geht es immer um Orte wie Changbai, um die rostigen Lastwagen, die auf einem staubigen Platz beim Grenzfluss stehen und darauf warten, dass sie über die Brücke dürfen. Es geht um die Ölpipeline, die ein paar hundert Kilometer weiter westlich im chinesischen Dandong unter dem Yalu verschwindet und auf nordkoreanischer Seite wiederauftaucht. Es geht um Eisenbahnbrücken, über die schwerbeladene Güterzüge rattern.

Früher standen die Lkw in Changbai Schlange an der Grenze, und der Platz am Fluss war so voll mit Waren, dass man sich fragte, ob China sich an damals schon geltende Sanktionen hielt. Vor den Import- und Export-Geschäften mit rostigen Rollläden sah man Nordkoreaner mit den weitgeschnittenen blauen Anzughosen und dem roten Sticker mit einem Doppelporträt von Kim Il-sung und Kim Jong-il am Revers. Es waren Händler, die über die Grenze durften, um Geschäfte abzuschließen. Immer nur zu zweit, damit einer auf den anderen aufpassen konnte. Nachts sah man das tanzende Licht von Taschenlampen im Fluss. Das waren die Schmuggler, die Waren hin- und hertrugen. Die Polizei schaute weg, wenn man sie gut bezahlte.

Doch das hat sich ganz offensichtlich verändert. Bei unserem letzten Besuch sehen wir in Changbai die Lastwagen auf dem Platz vor der Brücke. Auch die nordkoreanischen Händler sind noch da. Aber es sind eindeutig weniger. Auf der Brücke über den Yalu stehen ein paar Passanten, aber keine

Lkw. China, so sieht es aus, hat die Geduld verloren mit Kim Jong-un und seinen immer neuen Provokationen.

Nordkorea exportierte 2015 Waren im Wert von insgesamt 2,83 Milliarden US-Dollar und importierte Güter für 3,47 Milliarden US-Dollar. Der größte Teil war zumindest damals legaler Handel, der nicht unter UN-Sanktionen fiel. So exportierte Nordkorea vor allem Kohle und Textilien. Importiert wurden hauptsächlich Öllieferungen, Autos und Lkw sowie bestimmte Garne für die Textilproduktion. Aber schon diese Zahlen zeigen ein Problem, das Pjöngjang hat. Allein für 2015 ergibt sich ein Handelsbilanzdefizit von 640 Millionen US-Dollar pro Jahr. Das bedeutet, dass Nordkorea in erheblichem Umfang Waren auf Pump gekauft hat. Mit seiner eigenen Währung konnte es die Lieferungen nicht bezahlen, denn die wird nirgendwo akzeptiert. Nordkorea brauchte Devisen dafür, nur woher nahm es die? Wer gab dem finanziell isolierten Land Kredit, wer eröffnete ihm den Zugang zum internationalen Finanzmarkt, was unter UN-Sanktionen tatsächlich verboten gewesen wäre?

Das sind Fragen, die ins Zentrum einer Sanktionspolitik führen, mit der seit vielen Jahren erfolglos versucht wird, Nordkorea von seinem Atom- und Raketenprogramm abzubringen. Wie schafft es Nordkorea, all die Verbote und Einschränkungen zu umgehen? Bisher jedenfalls sind die Atompläne von Kim Jong-un allerhöchstens verzögert worden.

Seit Nordkoreas erstem Atomwaffentest 2006 hat der UN-Sicherheitsrat eine Reihe von Sanktionen verabschiedet. Zunächst wollte man vor allem verhindern, dass Nordkorea an Waffen kommt sowie an Produkte, die für die Entwicklung und den Bau von Atombomben oder von Trägerraketen wichtig sind. Außerdem wurde versucht, den engsten Machtzirkel des Regimes mit Reiseverboten und der Beschlagnahme von ausländischem Vermögen zu treffen. Dann wurden Finanztransaktionen verboten, die den Waffenprogrammen dienen konnten. Auch die Liste der Güter, die vom Handel mit Nordkorea ausgeschlossen waren, wurde Stück für Stück erweitert. Ebenso durften nun andere Staaten auf Verdacht Lieferungen aus und nach Nordkorea auch gegen den Willen der Schiffsbesatzungen inspizieren und bei Verstößen beschlagnahmen. Erst die Sanktionen seit Anfang 2016 betreffen Nordkoreas Exporte von Bodenschätzen und damit eine der wichtigsten Einnahmequellen des Landes. Seit August 2017 ist jeder Export von Kohle, Eisen, Blei sowie von Fisch und Meeresfrüchten aus Nordkorea verboten. Einen Monat später kam das Verbot der Ausfuhr von Textilien hinzu. Außerdem wurde der Import von Rohöl und Benzin eingeschränkt. Nordkoreanische Arbeiter dürfen fortan auch nicht mehr in anderen Ländern arbeiten. Darüber hinaus haben die USA, Japan, Südkorea, die Europäische Union und weitere Länder eigene Sanktionen gegen Nordkorea verabschiedet. Es sind die weitreichendsten Handelsverbote, die je gegen Pjöngjang verhängt wurden.

Das Ziel all dieser Sanktionen ist letztlich immer gleich: Kim Jong-un soll an den Verhandlungstisch gezwungen werden. Aber die Frage ist, ob das damit gelingt. Oder findet Nordkorea wie in der Vergangenheit Wege, die Sanktionen ins Leere laufen zu lassen?

Nicht weit entfernt von den Fernrohren mit Blick auf Nordkorea habe ich einen Mann getroffen, der seit Jahren seine Geschäfte mit Nordkorea macht. Anfang fünfzig, mit kräftigen Händen und einem Blick, der, ohne zu suchen, alles sieht. Die Überwachungskameras, die Polizisten, die Zivilstreife, die nordkoreanischen Händler. Er ist einer der chinesischen Schmuggelkönige, die mit illegalen Geschäften mit Nordkorea sehr viel Geld gemacht haben. Offen darüber reden darf er nicht, auch wenn viele in Chinas Grenzorten an seinen Geschäften mitverdient haben. Wir verabredeten uns deshalb heimlich im Hinterzimmer eines Restaurants. Es gibt koreanisches Grillfleisch. Die Bedienung füllt glühende Kohlen in eine Vertiefung im Tisch. Der Schmugglerkönig, Zigarette im Mundwinkel, nimmt sich eine große Schere und schneidet das Fleisch zurecht. Er weiß, wie es geht. Er kennt den Ort und jeden, den man hier kennen muss.

Früher, sagt der Schmugglerkönig, war das Geschäft einfach. Er hat den Polizisten Geld gegeben und ihnen gesagt, wann eine Lieferung über den Grenzfluss gehen soll. Die sorgten dann dafür, dass zu der Zeit die Patrouille woanders war oder gerade Pause machte. Er trug chinesische Handys und SIM-Karten, Lebensmittel oder Kleidung hinüber. Auf der anderen Seite bekam er dafür nordkoreanische Ölgemälde oder getrocknete Seegurken, eine Delikatesse in China, die er dort mit großem Gewinn verkaufte. Solange er keine Waffen oder Drogen schmuggelte und die Polizei ordentlich bestach, war das ein sicheres Geschäft. Changbai hat keine großen Unternehmen, keine Fabriken. Der Handel und der Schmuggel waren immer eine wichtige Einnahmequelle. Und deshalb schauten die Regierungen von Stadt und Kreis auch nicht so genau hin. Nur manchmal gab es Ärger mit Händlern aus Nordkorea, die sich über den Tisch gezogen fühlten oder mit einer Ware nicht zufrieden waren. Dann ging der Schmugglerkönig für ein paar Tage oder Wochen nicht nach Nordkorea. »Reine Vorsicht«, sagt er. »Du weißt ja nicht, ob sie dir dort nicht eine Falle stellen.« Er redet davon, wie von der guten alten Zeit, als die Schmuggelei sich noch lohnte.

Plötzlich verstummt er. Die Bedienung hat die Tür zu unserem Hinterzimmer geöffnet und bringt Bier und Schweinespeck für den Grill. Der Schmugglerkönig verteilt großzügig. Als die Kellnerin weg ist, sagt er, dass er sich gar nicht mehr wie ein König fühle. Eher wie ein Bettler. Die Polizei lässt sich nicht mehr bestechen, sie schaut jetzt genau hin. Keine abgesprochenen Pausen, stattdessen noch mehr Überwachungskameras. Viele Schmuggler sind weggegangen, weil es sich nicht mehr lohnt. Er hält durch, weil er noch einen offiziellen Job hat. Aber über die Grenze geht er kaum noch. »Ich kann fast nichts mehr machen. Der Schmuggel ist ganz wenig geworden«, sagt er und pickt sich ein Fleischstück vom Grill. Es ist angebrannt, es gab so viel zu erzählen.

Als ich nach diesem Treffen in mein Hotel zurückkehre, bekomme ich kurz darauf Besuch von vier Polizisten und Mitarbeitern der lokalen Stasi. Sie wollen wissen, warum ich an der Grenze mit meinem Team recherchiere. Es ist eine Art Verhör mitten in einer Lobby, die nach kaltem Rauch riecht. Ich gebe mich ahnungslos, und kurz nach Mitternacht sind sie müde und gehen, nicht ohne anzukündigen, dass sie am nächsten Morgen noch mal mit mir sprechen wollen. So sehr China öffentlich verspricht, Sanktionen gegen Nordkorea umzusetzen, denke ich, als ich zurück zu meinem Zimmer gehe, so wenig will es offenbar, dass andere ihm dabei auf die Finger schauen. Am nächsten Morgen, noch bevor die Polizei wiederkommt, fahren wir aus Changbai ab. Wir haben genug erfahren.

Der Erfolg der Sanktionen hängt entscheidend davon ab, ob China die Beschlüsse umsetzt und an Grenzorten wie

Changbai oder Dandong den Warenstrom stoppt. Das Land ist der mit Abstand wichtigste Handelspartner Nordkoreas, auf den über neunzig Prozent des Warenverkehrs entfallen. Die Zahlen, die Chinas Zollbehörden im Herbst 2017 veröffentlichten, zeigen, dass Peking es diesmal ernster nimmt als in der Vergangenheit. So gingen die Exporte nach Nordkorea im September im Vergleich zum Vorjahresmonat um 6,7 Prozent zurück, die Importe sogar um fast achtunddreißig Prozent. Das war das erste Mal seit langem.

Aber es geht auch nicht nur um China: Indien, Pakistan, Russland, die Philippinen und Thailand treiben ebenfalls Handel mit Pjöngjang. Auch Deutschland ist mit dabei. Wir haben nach Angaben des Statistischen Bundesamtes 2016 Waren im Wert von 5,7 Millionen Euro nach Nordkorea verkauft und dort für 3,4 Millionen eingekauft. Zehn Jahre zuvor, als Nordkorea zum ersten Mal eine Atombombe getestet hat, war es noch viel mehr. Damals lag das Handelsvolumen zwischen Deutschland und Nordkorea sieben Mal höher und belief sich auf insgesamt vierundsechzig Millionen Euro (Ausfuhr 50,5 Millionen, Einfuhr 13,5 Millionen Euro). Den mit Abstand größten Anteil an den deutschen Ausfuhren nach Nordkorea machen pharmazeutische Produkte aus, dann folgt deutsche Ingenieurkunst: Lager, Getriebe, Zahnräder sowie Pumpen und Kompressoren. Manches davon mag für viele Verwendungen geeignet sein, für zivile und militärische. Die Frage, ob das so ist, klärt in Deutschland das Bundesamt für Wirtschaft und Ausfuhrkontrolle, das in der Vergangenheit immer mal wieder ein reges Interesse der Nordkoreaner an deutscher Technologie festgestellt hat.

Wie erfinderisch Nordkorea selbst ist, wenn es darum geht, Sanktionen zu umgehen, das hat gerade erst ein Untersuchungsbericht der Vereinten Nationen enthüllt. Danach konnte Pjöngjang allein in der ersten Jahreshälfte 2017 an allen Sanktionen vorbei mindestens 270 Millionen US-Dollar Einnahmen erzielen. Nach Erkenntnissen der UN-Experten betreibt Pjöngjang offenbar einen regen Waffenhandel mit Luft- und Bodenraketen im Nahen und Mittleren Osten, insbesondere in Syrien. Nordkorea nutzt Agenten im Ausland, um Finanzgeschäfte für Staatsunternehmen abzuwickeln. Sanktionierte Waren exportiert das Land über Drittstaaten wie Malaysia oder Vietnam oder nutzt Tarnfirmen, um die wahre Herkunft zu verschleiern. Außerdem setzt Nordkorea das Personal seiner diplomatischen Vertretungen ein, um Devisen zu beschaffen. Nordkorea unterlaufe nach wie vor das Waffenembargo und strenge Finanz- und Handelssanktionen, stellt der Bericht ernüchtert fest. »In dem Maße, wie die Sanktionen ausgeweitet werden, wächst auch das Ausmaß der Versuche Nordkoreas, diese zu umgehen.«

Man muss gar nicht weit suchen, um dafür ein Beispiel zu finden. Mitten in Berlin, nur fünfhundert Meter vom Boulevard Unter den Linden entfernt, liegt die Botschaft Nordkoreas. Es ist ein großer grauweißer Betonkasten, der wie ein Überbleibsel aus DDR-Zeiten wirkt. Mitte der Siebzigerjahre bezog Nordkorea die Botschaft und beschwor dort die Freundschaft mit dem sozialistischen Bruderstaat, insbesondere beim zweiten Besuch Kim Il-sungs in Ostberlin 1984. Nach dem Ende der DDR behielt Nordkorea das Gebäude, mit der Aufnahme diplomatischer Beziehungen zu Deutschland wurde es 2001 wieder offiziell zur Botschaft, allerdings im kleineren Rahmen. Die Botschaft selbst zog in ein Nebengebäude, das zuvor als Wohnhaus für Nordkoreas Diplomaten und ihre Familien diente. Das großzügige Hauptgebäude wurde vermietet, heute sind darin ein Kongresszentrum und ein Hostel untergebracht.

Das Hostel sieht von außen ziemlich trist aus. In die graue Schlichtheit der ehemaligen Empfangshalle haben die Hostel-Betreiber Pflanzen und blauschwarze Sitzgruppen gestellt, von den Decken hängen Rahmen in den gleichen Farben. Es gibt einen Flügel, einen Kicker und im Speisesaal auf großem Flachbildschirm sogar live die Bundesliga. Das macht das Hostel ein bisschen heller und freundlicher. Nur die Gänge zu den Zimmern, in denen früher die Büros der nordkoreanischen Diplomaten waren, wirken eng und düster. Das Hostel wirbt mit seiner zentralen Lage mitten im Regierungsviertel und mit günstigen Zimmerpreisen ab siebzehn Euro. Wie *Süddeutsche Zeitung*, NDR und WDR zuerst berichteten, zahlte das Hostel angeblich 38 000 Euro Miete pro Monat an die Nordkoreaner.

Pjöngjangs diplomatische Vertretungen weltweit stehen schon lange im Ruf, dass sie bei weitem nicht nur die Interessen Nordkoreas im Ausland vertreten. Ihre Aufgabe besteht auch darin, Geschäfte zu machen und Devisen zu beschaffen. Die Botschaft in Bulgariens Hauptstadt Sofia ist bei den Nachbarn berüchtigt dafür, dass sie ihre Räume mehrmals pro Woche für Partys vermietet. Gegen die Ruhestörer kann die Polizei wenig unternehmen, das Botschaftsgelände ist exterritorial und liegt außerhalb ihres Einflusses. Anderswo waren Botschaftsmitarbeiter in Waffengeschäfte oder den Schmuggel mit Zigaretten und Alkohol verwickelt.

Nach Pjöngjangs fünftem Atombombentest im September 2016 verabschiedete der UN-Sicherheitsrat die Resolution 2321, die auch das Hostel in Berlin betraf. Nordkorea sollte verboten werden, Grundstücke im Ausland anders zu nutzen als für diplomatische oder konsularische Zwecke. Mit der Umsetzung dieser Resolution wäre man eigentlich davon ausgegangen, dass die Bundesregierung die Deviseneinnahme Nordkoreas stoppt und für die Schließung des Hostels sorgt. Aber so einfach ist das nicht. Auch ein Jahr nach der Resolution arbeitet das Hostel noch, angeblich überweist es Nordkorea aber keine Miete mehr.

Auch in Japan kann Pjöngjang auf Unterstützung zählen. Den Pachinko-Läden würde man auf den ersten Blick kaum ansehen, dass sie über Jahre eine der wichtigsten Deviseneinnahmen für die Kim-Dynastie darstellten. Es gibt sie in jeder größeren Stadt, über zehntausend im ganzen Land. Wer hineingeht, wird überwältigt vom Gedröhne Dutzender, oft Hunderter Automaten und von der rauchgeschwängerten Luft. Pachinko ist eine Art senkrechtes Flipperspiel, nur dass es nicht mit einer, sondern mit sehr vielen kleinen Kugeln funktioniert, die gleichzeitig ins Spielfeld geschossen werden. Wenn sie in bestimmte Körbe fallen, spuckt der Automat neue Kugeln aus. Je mehr Kugeln, desto höher der Gewinn. Am Ende tauscht man die Kugeln in einen Gutschein um, den man in einem anderen Laden um die Ecke einlösen kann. Soweit, so kompliziert. Aber so ist das in Japan, wo Glücksspiel offiziell verboten ist.

Ein großer Teil der Pachinko-Industrie ist in den Händen der koreanischen Minderheit in Japan. Es sind Nachfahren von Koreanern, die nach der Annexion ihres Landes durch Japan 1910 nach Japan zogen, viele von ihnen zwangsweise während des Zweiten Weltkriegs zur Arbeit in den Rüstungsfabriken. Man muss es tatsächlich eine Industrie nennen, weil Pachinko-Läden weit mehr sind als Daddelhallen. Sie sind eine Macht in Japan. Nach einer Untersuchung der Investmentbank Morgan Stanley erzielten sie 2012 einen Umsatz von 143 Milliarden Euro. Zehn Jahre zuvor waren es sogar über 232 Milliarden. Kein Wunder also, dass das devisenklamme Nordkorea großes Interesse an Japans Spielhöllen hatte.

Kaum einer kennt Pachinko und all die Schattengeschäfte, die damit verbunden sind, so genau wie Park Too-jin. Anfang sechzig ist er, das volle Haar schwarz getönt, Hemd und Nadelstreifenanzug makellos. Wir haben uns in einer Bibliothek verabredet, weil man dort ungestört reden kann. Aber dann kommt Park und spricht so laut, als stünde er in einer Pachinko-Halle. Und die lesenden Japaner nebendran stecken ihre Köpfe noch tiefer in ihre Bücher. Ja, Koreaner sind anders als Japaner, selbst wenn sie schon immer in Japan leben. Park erzählt von Chōsen Sōren, der Vereinigung der Nordkoreaner in Japan, deren Mitglied er lange war. Mitte der Achtzigerjahre fiel in Pjöngjang die Entscheidung zur nuklearen Aufrüstung. Die Mittel dazu sollte unter anderem Chōsen Sōren aus Japan liefern, so verlangte es damals Kim Jong-il. Die Vereinigung der Nordkoreaner beschloss, in Pachinko-Hallen zu investieren, die schon lange zuvor eine Domäne der Koreaner in Japan gewesen war.

Der Trick, sagt Park, sei einfach gewesen: »Um Geld abzuzweigen, führen die Pachinko-Hallen zwei Bücher. Die Differenz zwischen den wahren Einnahmen und dem, was sie gegenüber der Steuer angeben, liegt in der Regel bei zehn bis zwanzig Prozent.« Eine andere Möglichkeit, Geld abzuzweigen, beruht darauf, dass die Pachinko-Hallen Kredite zu überhöhten Zinsen mit Geldgebern abschließen, die Verbindungen nach Nordkorea haben. Das abgezweigte Geld wurde oft bar nach Nordkorea gebracht, sagt Park, auf einem Schiff, das zwischen der ostjapanischen Hafenstadt Niigata und Nordkorea verkehrte. Besonders viel floss bis zur Asienkrise Ende der Neunzigerjahre, aber das Geschäft geht trotz der Sanktionen heute noch weiter. »An der Oberfläche ist alles sehr streng geworden«, sagt Park. »Aber vieles geht eben in den Untergrund. Es ist nicht mehr so viel wie früher, aber nach wie vor fließt Geld nach Nordkorea.« Er schätzt, dass Chōsen Sōren über die Jahre rund 7,5 Milliarden Euro nach Nordkorea geschickt hat, der größte Teil davon aus dem Pachinko-Geschäft.

Der Sitz von Chōsen Sōren in Tokio ist ein neunstöckiges graues Bürogebäude mit einem hohen Zaun und Absperrgittern auf der Straße. Nebendran parken zwei japanische Polizeibusse. Weil Nordkorea und Japan keine diplomatischen Beziehungen haben, ist das Bürohaus gleichzeitig die inoffizielle Botschaft Pjöngjangs. Am Stahlgittertor wartet Gyu Sang, ein kleiner hagerer Mann mit Glatze und strengem Blick. Er führt uns in eine weite Empfangshalle, die menschenleer ist und von einem großen Gemälde dominiert wird, das Kim Il-sung und Kim Jong-il im Abendrot zeigt, die freudig strahlend vor dem Himmelssee an der nordkoreanisch-chinesischen Grenze stehen. In einem Besprechungszimmer warten um einen Tisch herum sieben Sessel mit gehäkelten Deckchen auf den Lehnen. Gyu setzt sich ans Kopfende des Tisches. Er ist eine Art Sprecher von Chōsen Sōren. »Wir unterstützen die Volksrepublik Korea«, sagt Gyu, »und wir stellen uns hinter sie, um ein glückliches Leben zu führen.« Er sagt immer Volksrepublik, nie Nordkorea. Was die Atomwaffen angeht, natürlich wäre eine Situation ohne Atombomben und ohne Raketen besser, erklärt Gyu. Ja, ganz sicher wäre es das. Aber ohne Atomwaffen seien Verhandlungen mit den USA nicht möglich. »So sieht das die Volksrepublik Korea, und wir unterstützen sie dabei.«

Hat Chōsen Sōren Nordkorea Geld für die Entwicklung

von Atombomben und Raketen geschickt? Gyu setzt sich kerzengerade in seinen Sessel. »Sie meinen Geld aus Pachinko-Hallen, das in die Volksrepublik geschickt wurde?« Ganz genau. »Sōren kann keinem Geschäftsmann in den Pachinko-Hallen erklären, ob er etwas so oder so machen soll«, sagt Gyu. »Wenn Geld geschickt wurde, dann sollte das jeder für sich und in seiner Verantwortung tun. Chōsen Sōren hat damit nichts zu tun«, behauptet Gyu und führt uns dann durch die immer noch menschenleere Halle hinaus auf Tokios Straßen.

Chōsen Sōren hat über die Jahre viele Mitglieder und damit auch an Einfluss verloren. Park hat erzählt, dass manche Nordkoreaner in Japan ihr Geld inzwischen lieber selbst nach Pjöngjang bringen als mit Hilfe von Sōren. Sanktionen können sie daran kaum hindern, und der Dank des Regimes dafür landet direkt bei ihnen und kommt der Familie in Nordkorea zugute. Dass Sōren aber nach wie vor eine wichtige Rolle spielt und über Jahre ein wichtiger Finanzier von Pjöngjangs Atomwaffenprogramm gewesen ist, daran besteht kein Zweifel. Und Japans Regierung hat wenig unternommen, um diesen Finanzstrom zu unterbinden.

Am meisten aber hat China dafür gesorgt, dass Nordkorea Zugang zu Devisen und Waren hatte – und tut es immer noch. Es gibt einen Ort, an dem man besonders gut sehen kann, wie das Geschäft funktioniert. Gut zweihundert Kilometer westlich von Changbai, kurz bevor der Grenzfluss Yalu in das Gelbe Meer mündet, liegt Dandong. Eine eher kleine Stadt, zumindest für chinesische Verhältnisse. Drei Millionen Einwohner, ungefähr die Hälfte davon lebt vom Handel. Es gibt eine Eisenbahn- und Autobrücke über den Yalu nach Nordkorea und direkt daneben eine zweite Brücke, die nur zu zwei Dritteln über den Fluss reicht und in einer Aussichtsplattform endet – die chinesisch-koreanische Freundschaftsbrücke. Sie wurde zwischen 1909 und 1911 von den Japanern während der Kolonialmachtzeit in Korea erbaut und von amerikanischen Bombern während des Koreakriegs zerstört. Am chinesischen Ende der Brücke steht ein monumentales Denkmal für die weit über zwei Millionen angeblich freiwilligen chinesischen Kämpfer, die Mao in den koreanischen Krieg geschickt hat, um Kim Il-sung aus der Patsche zu helfen. Tatsächlich waren sie oft genug Kanonenfutter für die amerikanischen Truppen. Überlebensgroß mit Mantel und Fernglas steht da Chinas legendärer General Peng Dehuai, der später in Ungnade fiel, den Mao ins Gefängnis warf und dort umkommen ließ. Hinter ihm eine Gruppe entschlossen dreinblickender Soldaten, die mit aufgepflanzten Bajonetten nach vorne stürmen, Richtung Korea. Zu Füßen des Generals steht auf Chinesisch und Englisch: Für den Frieden. Ausgerechnet darum aber ging es nun zuallerletzt.

Was dieses Denkmal zeigt, passt nicht recht zu dem, was Peking und Washington immer wieder betonen. Das gemeinsame Ziel sei, Nordkorea von seinen nuklearen Allmachtsphantasien abzubringen. Hier am einen Ende der chinesisch-koreanischen Freundschaftsbrücke wird eine andere Geschichte erzählt. Und es werden andere Verbundenheiten demonstriert. China und Nordkorea stürmen da gemeinsam gegen angebliche US-Imperialisten. China hat einen horrenden Preis für diese Bruderhilfe bezahlt, aber es hat sich in all den Jahrzehnten nach dem Ende des Koreakriegs von Nordkorea nie abgewendet. Während ich vor diesem erdrückenden Bronzemonument stehe, frage ich mich, ob es nicht Strömungen gibt, die mächtiger sind als die Wirbel und Kräuselungen, die auf der Oberfläche des Yalu auftauchen. Wirkt nicht hinter all dem Sanktionsgetöse und den Beteuerungen aus Peking nach wie vor etwas anderes?

Wenn man jedenfalls am anderen Ende der Brücke steht, dort, wo die amerikanischen Fliegerbomben eingeschlagen und heute ein Aussichtspunkt und ein Kiosk sind, dann ist Nordkorea keine hundert Meter mehr entfernt. Es ist so nah, dass man sich fragt, wie eine Abschottung überhaupt gelingen soll und wie man sicherstellen will, dass all die Lastwagen, die nebenan über die Brücke nach Nordkorea fahren, wirklich nur das transportieren, was sie den UN-Sanktionen zufolge auch dürfen.

An diesem Morgen sind wir eine gute Stunde auf der Brücke. Der Herbstnebel macht das Licht milchig trüb, in der Mitte des Flusses liegt mit leichter Schrägseite ein nordkoreanisches Schiff, von dem man nicht so recht weiß, was es da eigentlich macht. Am Horizont sieht man auf chinesischer Seite neue, hochaufragende Appartement- und Geschäftsblöcke, auf nordkoreanischer Seite ein paar Betonblöcke aus den Siebziger- oder Achtzigerjahren und zwei hohe Schornsteine eines Kraftwerks, das offenbar stillsteht, weil aus den Schornsteinen trotz der kalten Luft kein Dampf zu sehen ist. In dieser guten Stunde zähle ich rund fünfzig Lkw, die über die Brücke hinüber nach Nordkorea fahren. Mal bricht der Strom ab, mal kommen sie dicht an dicht. Es sind sicher weniger als noch vor ein paar Monaten. Aber wer glaubt, dass die UN-Sanktionen bedeuten, dass gar kein Handel mehr mit Nordkorea betrieben würde, der wird hier eines Besseren belehrt.

Ich sehe Lastwagen, die bis hoch über das Führerhaus hinaus mit neuen Autoreifen beladen sind, andere mit langen Stahlträgern, Rohren, Stahlrollen oder Baumaterial. Bei vielen aber ist nicht klar, was sie eigentlich geladen haben, weil die

Fracht unter Planen oder in Containern steckt. Noch früher am Morgen konnte ich von meinem Hotelfenster einen Strom von Lkw aus der anderen Richtung sehen, aus Nordkorea. Gut dreißig Lastwagen waren es da, die kurz an der chinesischen Zollstelle hielten und dann im Stadtverkehr von Dandong verschwanden. Dieser Grenzverkehr hält den ganzen Tag an, und als es dunkel wird in der Stadt, stehen die Lkw immer noch in einer langen Schlange vor dem chinesischen Zollhaus. Nachts wache ich auf vom Gepolter eines Güterzugs, der aus Nordkorea kommt. Im Morgengrauen dampft ein nordkoreanisches Frachtschiff über den Yalu, das Kohle geladen hat, zumindest von weitem sieht es so aus. Der Export von Kohle aus Nordkorea ist verboten.

Aber wie gesagt, Nordkorea ist so nah, dass es mich manchmal völlig überrascht. Ich stehe auf einem chinesischen Boot, wir fahren in einen Seitenarm des Yalu, und auf einmal erklären mir meine chinesischen Begleiter, dass das linke Ufer Nordkorea sei und auch das rechte und eigentlich auch der Strom. »Also sind wir jetzt in Nordkorea?«, frage ich. »Ja, sind wir.«

Die chinesischen Boote dürfen das, eine besondere Regelung und kein Problem, solange ich auf dem Boot bleibe. Links am Ufer gehen nordkoreanische Grenzsoldaten Patrouille, ein Mann sitzt vor einem niedrigen Haus an der Uferböschung, Soldaten stehen auf einer hohen Hafenmauer und mustern uns. Dann kreuzt eine winzige Fähre den Fluss, die von einem Ufer zum anderen übersetzt. Darauf ein Minibus, Fahrräder und drei weitere Soldaten, Gewehre geschultert. Sie sind sehr jung, und einer schaut erstaunt, als er mich entdeckt, keine zehn Meter entfernt. Er grinst, und ich grinse zurück. Ein kurzer Moment nur, dann dreht er sich schnell wieder zu den anderen um. Ich muss daran denken, dass sich englische Kollegen, die vor mir hier waren, nur mit schusssicheren Westen auf das Boot getraut haben. Sie fürchteten, die nordkoreanischen Soldaten könnten auf sie schießen, wenn sie bemerken, dass sie gefilmt werden. Man kann das nicht ausschließen, und an dieser Grenze sind schon sehr viele Schüsse quasi aus heiterem Himmel gefallen, haben auch Touristen getötet. Andererseits: Wenn ein Land sich so abgrenzt wie Nordkorea, wenn es drohend und skrupellos auftritt, neigt man dazu, auch die Menschen zu dämonisieren. In Dandong aber waren Chinesen und Nordkoreaner dafür immer zu nahe beieinander. Und die Chinesen viel zu sehr an guten Geschäften mit Nordkorea interessiert.

Am Steuerrad des Schiffs sitzt Fu Changyi, lässig ein Bein hochgestellt, mit der schmalen Brille und den wachen Augen, auf den ersten Blick eher Bücherliebhaber als Kapitän. Eigentlich, aber doch zuallererst ein Geschäftsmann. »Willst du nordkoreanischen Won kaufen?«, fragt Fu mich. Ein ganzer Satz Banknoten, nagelneu, für dreißig chinesische Renminbi. Das will ich und bekomme die ganze Sammlung mit Kim-Il-sung-Scheinen. Witzig, denke ich mir, in Nordkorea bekommt man als Ausländer nie die nordkoreanische Währung. Alles müssen wir ausgerechnet in US-Dollar zahlen oder Euro und Renminbi. Aber hier in China kriege ich zum ersten Mal nordkoreanisches Geld. »Die Händler aus Nordkorea werden immer weniger«, brummt Kapitän Fu gegen den Schiffslärm. »Das kann man mit früher nicht vergleichen. Die Sanktionen haben das alles schwierig gemacht. Das ist das schlimmste Jahr seit langem.« Das Boot stampft durch nordkoreanisches Wasser, und Fu erzählt, dass sich im Sommer immer Nordkoreaner mit kleinen Booten genähert haben, um den chinesischen Passagieren Dinge zu verkaufen, Lebensmittel, Trödel, gerne auch Seegurken, obwohl das inzwischen auch verboten ist. Aber die Chinesen schwören darauf und finden, dass die nordkoreanischen Seegurken am besten schmecken.

Früher war Dandongs Fischmarkt voll von Fisch und Meeresfrüchten aus Nordkorea. Und heute? Am frühen Morgen ist der Markt voll mit Kunden, die Verkäufer rufen laut ihre Preise aus. An einem Stand mit Krabben und Shrimps frage ich: »Sind die aus Nordkorea?« Der Verkäufer schaut erschreckt und sagt: »Wer traut sich da jetzt noch hin? Die bringen dich um.« Viele sagen das so. Aber woher kommen dann die ganzen Krabben? Die waren doch immer aus Nordkorea? »Ja«, sagt ein anderer. Und dann spricht er nur noch leise: »Es ist wirklich riskant geworden. Aber an der chinesischen Küste ist das Wasser so verschmutzt, dass man so gute Krabben wie die hier einfach nicht kriegt. Solche bekommst du nur aus Nordkorea.« Mehr will er nicht sagen. Nicht wie und woher, es gibt zu viele Ohren auf diesem Markt. Aber offenbar geht immer noch etwas über die Grenze. In Dandong sind die Geschäfte schwieriger geworden, aber aufgehört haben sie nicht. Für manche sind sie sogar noch lukrativer geworden.

Ma Xiaohong war eine aufstrebende und ehrgeizige Geschäftsfrau, sie saß sogar als Abgeordnete im Parlament der Provinz Liaoning. *Guanxi* nennt man es auf Chinesisch, wenn jemand gute Beziehungen hat, die richtigen Leute kennt und Dinge möglich machen kann, die eigentlich nicht gehen. Ma hatte eine Menge *guanxi* zu hohen Beamten und Politikern in Dandong und in der Provinzhauptstadt Shenyang. Sie kannte die richtigen Hebel, die es braucht, um mit Nordkorea die ganz großen Geschäfte zu machen. Und sie war entschlossen, diese Hebel zu nutzen.

In den frühen Zweitausenderjahren gründete Ma die Dandong Hongxiang Industrial Development Company und begann, für die Nordkoreaner zu arbeiten. Sie half ihnen zunächst beim Import von Schweröl, Erdgas, Benzin, Weizen und Nudeln. Das war damals noch kein Verstoß gegen Sanktionen, und Ma machte auch gar kein Geheimnis aus ihren Geschäftskontakten. Im Gegenteil, sie brüstete sich öffentlich damit, dass ihre »Kunden zur Elite Nordkoreas gehören und Posten bei einem wichtigen Unternehmen haben, das der China Oil Corporation entspricht«.

Mas Geschäfte aber sollten bald noch viel besser laufen. Im August 2009 setzte das amerikanische Finanzministerium die Korea Kwangson Banking Corporation (KKBC) auf ihre Verbotsliste, weil es der nordkoreanischen Bank vorwarf, mit Massenvernichtungswaffen zu handeln. Die Konten der KKBC wurden eingefroren, und US-Bürger durften fortan keine Geschäfte mehr mit der Bank machen. Damit war die KKBC, die zu Nordkoreas Notenbank gehört und eine Niederlassung in Dandong unterhält, von einem ihrer zentralen Geschäftsfelder abgeschnitten und konnte auf dem Weltmarkt keine Geschäfte mehr in US-Dollar machen, denn bei einem großen Teil der internationalen Warendeals muss in US-Dollar bezahlt werden. Die KKBC brauchte also Hilfe. Und die bekam sie von Frau Ma.

Das Prinzip war ganz einfach: Ma bot über die Dandong Hongxiang und andere Firmen, die ihr gehörten, eine Art All-inclusive-Service für die KKBC und damit Nordkorea an, um an Waren zu kommen, die unter die UN-Sanktionen fallen. Einen Teil des Handels wickelte Dandong Hongxiang in chinesischen Renminbi ab, für Geschäfte in US-Dollar aber brauchte es noch eine bessere Tarnung. Ma und ihre Mitarbeiter gründeten deshalb über ein Dutzend Briefkastenfirmen in Hongkong, auf den British Virgin Islands oder in Wales. Die Firmen hatten blumige Namen wie Best Famous Trading, Flying Horse Ltd., Deep Wealth Ltd. oder Beauty Chance Ltd., die wahrscheinlich mehr über die Ambitionen von Ma und ihren Geschäftspartnern erzählen als über den eigentlichen Geschäftszweck. Wie die Anklageschrift des amerikanischen Justizministeriums gegen Ma und ihre Kollegen zeigt, kam das Geld bei Transaktionen, die Dandong Hongxiang über die Briefkastenfirmen tätigte, fast vollständig von der KKBC. Mit anderen Worten: Die KKBC streckte das Geld vor, und Frau Ma ging mit der Einkaufsliste aus Pjöngjang und mit Hilfe ihrer weltweiten Briefkastenfirmen auf Shoppingtour. Selbst für den Transport der Waren sorgte sie. Eine von Mas Firmen besaß bis zu zehn Frachtschiffe, die nach den Aufzeichnungen der internationalen Schiffsdatenbank Windward regelmäßig zwischen China und Nordkorea unterwegs waren.

In einer Power-Point-Präsentation brüstete sich Dandong Hongxiang mit ihrer jahrelangen Erfahrung im chinesisch-nordkoreanischen Handel, um dann ganz ungeniert ein paar eindrucksvolle Zahlen zu nennen. Allein 2010 lag das Handelsvolumen bei zweihundertfünfzig Millionen US-Dollar. Frau Ma und ihr Firmengeflecht waren demnach ein dicker Fisch im schwarzen Handel mit Nordkorea. Eine Studie des südkoreanischen Asan-Instituts in Seoul bestätigt das. Asan hat die Geschäfte der Dandong Hongxiang mit Hilfe internationaler Handelsdatenbanken ausführlich analysiert und kommt zu dem Schluss, dass die Firma allein zwischen Januar 2011 und September 2015 Waren im Wert von über dreihundertsechzig Millionen US-Dollar aus Nordkorea importierte und für gut einhundertsiebzig Millionen nach Nordkorea exportierte. Das gesamte Handelsvolumen von rund fünfhundertzweiunddreißig Millionen US-Dollar, das die Dandong Hongxiang in diesen knapp fünf Jahren umgesetzt hat, entspricht in etwa dem, was die gesamte Sonderwirtschaftszone von Kaesong in einem doppelt so langen Zeitraum seit 2004 an Einnahmen erbracht hat. Diese Summe allein reicht nach Schätzungen von Experten fast aus, um die Anlagen zur Urananreicherung zu finanzieren, wie auch die Forschungen und Tests für Atombomben.

Tatsächlich hat die Dandong Hongxiang Nordkorea auch unmittelbar bei dessen Atom- und Raketenprogramm geholfen. Im September 2015 transportierte das Unternehmen zweimal große Mengen Aluminiumoxid nach Nordkorea. Aluminiumoxid kann bei der Herstellung von Nuklearwaffen genutzt werden, weil es hilft, die Korrosion in Zentrifugen zu verhindern, die zur Urananreicherung genutzt werden. Es sind Puzzleteile, aber sie zeigen, mit welchem Aufwand Nordkorea trotz aller Sanktionen an Stoffe und Know-how zum Bau einer Atombombe gelangt.

Frau Ma gehörte in Dandong nicht zur Halbwelt, sondern sie war eine angesehene Geschäftsfrau. Die Stadtverwaltung lobte öffentlich ihre Nordkoreageschäfte. Eines der Hotels, an dem sie Anteile hält, sowie der Sitz der Dandong Honxiang sind nur einen Steinwurf von der chinesisch-koreanischen Freundschaftsbrücke entfernt. Man geht vorbei an Souvenirständen, wo chinesische Touristen für ein Foto nordkoreanische Tracht anziehen können, überquert die Uferpromenade und steht dann vor zwei hohen Türmen. Über den Geschäften im Erdgeschoss hängen bunte Schilder, die ein nordkoreanisches Kunstzentrum und ein Reisebüro anpreisen. Auch die gehören zu Mas Reich.

Die Dandong Hongxiang soll ihren Sitz im elften Stock haben, aber man kommt gar nicht so leicht dorthin. Im Aufzug kann ich fast jedes Stockwerk drücken, nur nicht den elften Stock. »Du brauchst eine Karte dafür«, sagt ein chinesischer Geschäftsmann, der mit mir im Aufzug steht. Ich steige im neunten Stock aus, finde das Treppenhaus und gehe hoch bis zum elften Stock. Doch die Tür im Treppenhaus ist verschlossen. Ich gehe wieder zurück, es ist ein Gewirr von Gängen und Treppen, aber irgendwann komme ich zu einem zweiten Aufgang, der ebenfalls in den elften Stock führt. Dort gibt es keine verschlossene Tür, sondern ein großes glänzendes Firmenschild der Dandong Hongxiang. Die Bürotür steht offen, dahinter ist eine Rezeption.

Als ich eintrete, sehe ich mehrere Angestellte bei der Arbeit. Es herrscht ein reger Betrieb. Nichts deutet darauf hin, dass das US-Justizministerium vor einem Jahr bei einem Gericht in New Jersey Anklage gegen Frau Ma erhoben hat. Dass die chinesischen Behörden Frau Ma auf Druck der Amerikaner plötzlich nicht mehr für eine respektable Geschäftsfrau hielten, sondern sie und mehrere Kollegen verhafteten, ebenso wie hohe Beamte, die offenbar von Frau Ma bestochen worden waren. China hat so den Eindruck vermittelt, es würde energisch gegen Sanktionsbrecher wie Ma vorgehen. Ich hatte deshalb erwartet, vor Räumen zu stehen, die hastig verlassen worden waren, aber nicht, dass es am Sitz der Skandalfirma so aussieht, als ginge alles so weiter wie bisher.

Eine Frau kommt auf mich zu. »Was willst du?«, fragt sie barsch. »Ich komme aus Deutschland«, sage ich, »bin Journalist und möchte ...« Aber weiter komme ich nicht. Ihr Gesicht erstarrt, die Schultern schieben sich nach vorn. »Wir geben keine Interviews!« Und dann geht sie schnell um die Ecke, um aufgebracht nach einem Höherrangigen zu rufen. Wir gehen lieber, weil man nie genau weiß, wie gut die Beziehungen von Frau Ma in Dandong noch sind und wie sehr die Polizei nach wie vor auf ihrer Seite steht. Denn – auch wenn sie selbst im Gefängnis sitzt – das Imperium, das sie aufgebaut hat, arbeitet auch anderswo einfach weiter.

In Shenyang, etwa zweihundertfünfzig Kilometer nördlich von Dandong, steht eine Gruppe von etwa achtzig Frauen und Männern mittleren Alters auf der Treppe eines Hotels, während ein Fotograf sie für ein gemeinsames Bild positionieren will. Aber die Gruppe ist viel zu aufgeregt. Alle plappern, lachen und schäkern, als wären sie auf einem Klassenausflug. Es sind Künstler der Region, die von der Provinzregierung zu einem Treffen eingeladen worden sind. Ausgerechnet in das Chilbosan Hotel, ein fünfzehnstöckiger Kasten mit spiegelnden Fenstern. Er gehört zu siebzig Prozent der North Korean Pyongyang Economic Exchange Society und zu dreißig Prozent der Dandong Hongxiang von Ma Xiaohong. Das Viersternehotel hat eine Lobby mit viel Marmor und Goldrand, einem großen Kronleuchter in der Mitte und hinten in der Ecke ein Reisebüro von Air Koryo, der staatlichen Fluglinie Nordkoreas. Die Frau hinter dem Schreibtisch dort gähnt vor sich hin, und auch im Geschäft nebenan mit den Prada-, Fendi- und Gucci-Aufklebern an der Glasscheibe ist nichts los. Die Regale sind alle leer. Das Chilbosan Hotel hat ein Restaurant, in dem es nordkoreanische Tanzeinlagen gibt, und im dritten Stock luxuriöse VIP-Suiten, in denen man privat dinieren kann mit viel Tafelsilber und einem großen Karaoke-Set. Ein halbes Dutzend Bedienungen zeigt mir die Räume und die Speisekarte mit Seegurke und koreanischen Fischspezialitäten. Woher ich komme, fragt eine von ihnen auf Chinesisch. »Aus

Deutschland. Und Sie?« – »Wir sind alle aus Nordkorea«, sagt sie. Ich hätte es mir auch denken können. An ihren blauen Westen tragen sie Anstecker mit der nordkoreanischen Flagge.

Sie sind aber nicht die einzigen Nordkoreaner, die hier arbeiten. Im Chilbosan sollen auch Teile von Nordkoreas Hackertruppe des Bureau 121 arbeiten. Kim Heun-kwang, ein ehemaliger Informatikprofessor aus Pjöngjang, der aus Nordkorea geflohen ist, hat das schon 2004 enthüllt. Weil die Internet-Infrastruktur in Nordkorea so schlecht ausgebaut ist und um eigene Spuren zu verwischen, hat Pjöngjang seine Hackertruppe hierhin ausgelagert. Das Bureau 121 soll verantwortlich sein für den Cyberangriff auf Sony im November 2014, nachdem der Konzern »Das Interview« herausgebracht hatte, eine Komödie über Kim Jong-un. Die Gruppe steht offenbar auch hinter digitalen Bankraubzügen.

In Shenyang ist das kein Geheimnis. Trotzdem wählt die Provinzregierung für das Künstlertreffen in der Neun-Millionen-Metropole, die über sehr viele Hotels verfügt, ausgerechnet dieses eine. Warum? Warum passiert so etwas, selbst nachdem Ma Xiaohongs illegale Sanktionsgeschäfte aufgeflogen und chinesische Behörden dagegen vorgegangen sind? Es fällt irgendwie schwer, hier nicht an Kumpanei zu denken.

Es gibt in China ein altes Sprichwort, das besagt: »Je weiter man von Peking weg ist, desto weniger hört man den Ruf des Kaisers.« Vielleicht ist genau das auch der Fall, wenn es um die Einhaltung der Sanktionen geht. Wird zum Beispiel Chinas Außenminister Wang Yi bei einer Pressekonferenz gefragt, ob China wirklich alles tue, um die Sanktionsbeschlüsse durchzusetzen, verliert er schnell jede gelangweilte Überheblichkeit. Mit einem Mal zieht sich eine tiefe Furche zwischen seine Augenbrauen, und der sonst manchmal leiernde Ton seiner Rede wird so schneidend, dass die Übersetzerin glaubt, sie müsse ein paar der scharfen Worte besser glätten. Denn Wang Yi sagt eigentlich, dass es ihn nerve, ständig von uninformierten ausländischen Journalisten danach gefragt zu werden. China setze die Sanktionen selbstverständlich genau um. Mag ja sein, denke ich mir, als Wang Yis Stimme wieder den diplomatischen Kammerton erreicht hat, dass in Peking die Sache soweit klar ist. Schon allein deshalb, weil es für China sonst teuer werden könnte und man mit den USA einen Handelskrieg riskieren würde.

Dem Nordosten Chinas aber geht es wirtschaftlich mit am schlechtesten. Die Provinzen dort haben die geringsten Wachstumsraten, ein großer Teil der Industrie ist veraltet. Kohleminen und Stahlwerke, die einmal das wirtschaftliche Rückgrat der Provinzen waren, sind längst nicht mehr rentabel, und viele müssen schließen. Es gibt immer wieder Proteste von Arbeitern, die keinen oder nur einen Teil ihres Lohns bekommen haben. Die Region versucht es jetzt mit etwas Tourismus und stampft dafür Skiresorts aus dem Boden. Aber für Grenzorte wie Dandong oder Changbai war der Handel mit Nordkorea die wichtigste Einnahmequelle. Kann es daher sein, dass sie dort nun zwar für alle sichtbar Spezialeinheiten der Polizei patrouillieren lassen, die Peking zufriedenstellen sollen, bei manchen Dingen aber nach wie vor ein Auge zudrücken? Wie sonst kann es sein, dass die Dandong Hongxiang nach wie vor weiterarbeitet? Oder dass ein Konzern, an dem der chinesische Staat sogar Anteile hält, zum Helfershelfer für Nordkoreas Atom- und Raketenprogramm wird?

Die Shenyang Machine Tool Company hat ein riesiges Fabrikgelände im Industriegebiet von Shenyang und rund 12 000 Mitarbeiter, die man in grauen Arbeitsuniformen zwischen den Fabrikhallen mit orangenen Dächern herumgehen sieht. Aktien der SMT werden an der Börse in Shenzhen gehandelt, einen anderen Teil hält der chinesische Staat. So ist das oft bei Staatskonzernen. Die Börse bringt das Kapital und den Zugang zu anderen Märkten, aber die Partei behält die Kontrolle über das Unternehmen und bestimmt, wer es leitet, welche Ausrichtung es nimmt und wohin es expandiert. Jedes dieser Unternehmen hat eine eigene Parteistruktur, und daher bleibt der Partei eigentlich nichts verborgen.

Umso erstaunlicher ist jener Deal, den die SMT 2015 abgeschlossen hat: Die Chinesen kauften von einem westeuropäischen Unternehmen Maschinenbauteile. Das Unternehmen weiß offenbar, dass die Ware ein sogenanntes Dual-use-Produkt ist, also nicht nur für zivile, sondern auch für militärische Zwecke genutzt werden kann. Es verlangt deshalb von den Chinesen das schriftliche Versprechen, die Bauteile nicht nach Nordkorea weiterzuverkaufen. Diese Zusicherung geben die Chinesen – und scheren sich nicht weiter darum. Sie bauen die Teile in ihr eigenes Produkt und verkaufen es weiter nach Nordkorea. Der ehemalige UN-Waffeninspekteur David Albright hat diesen Handel aufgedeckt. Den Namen der Firma aus Westeuropa will er zu deren Schutz nicht nennen. Aber was da von SMT über die Grenze geliefert wurde, kann zur Herstellung von Raketenteilen und von Zentrifugen genutzt werden, die Uran anreichern. Es sind also genau die Produkte, die Kim Jong-un dringend für sein Atom- und Raketenprogramm braucht. Und er bekommt sie, weil ein chinesischer Staatskonzern mitspielt und die Kommunistische Partei wegschaut.

Was also bringen Sanktionen? Soll man es bleiben lassen, weil darunter zuallererst die Bevölkerung leidet, die zum großen Teil nichts dafür kann? Gegenüber dem Iran war die Sanktionspolitik erfolgreich und hat 2015 zu einem beispielhaften Abkommen geführt, das die nuklearen Anlagen des Landes einem strengen Überwachungssystem unterwirft. Wäre das auch für Nordkorea denkbar? Die Sanktionen, die inzwischen verhängt wurden, sind durchaus vergleichbar. Sie betreffen die wichtigsten Ausfuhrgüter und versuchen das jeweilige Regime dadurch von den wichtigsten Einnahmequellen abzuschneiden. Trotzdem sind die Chancen für einen Erfolg der Sanktionen bei Nordkorea ungleich schlechter. Kim Jong-un kann seinem Volk letztlich viel mehr abverlangen und auch noch die letzten Ressourcen für Massenvernichtungswaffen aufwenden statt für die Versorgung der Landbevölkerung. Nordkorea kennt keine konkurrierenden Fraktionen in der Regierung und kein aufgeklärtes Bürgertum, das im Zweifel auch auf die Straße geht.

Es gibt in Dandong einen Ort, der eine Schlüsselstelle dabei haben könnte, Nordkorea an den Verhandlungstisch zu zwingen. Man muss ein bisschen aus der Stadt herausfahren, da steht zwischen Maisfeldern ein Güterbahnhof, der von hohen Mauern und Kameras abgeschirmt ist. Man sieht auf hohen Gerüsten Saugstutzen, aber an diesem Tag keine Waggons. Hier kommen Güterzüge mit Rohöl und Benzin an, das abgesaugt wird und in riesigen Tanks landet, die sich am anderen Ende des weitläufigen Geländes befinden. Aus diesen Tanks fließt das Öl durch eine Pipeline unter dem Yalu hindurch bis nach Nordkorea. Man kann an diesem Ort immer nur vorbeifahren, anhalten ist verboten. Zur Sicherheit klappt unser Fahrer die Sonnenblende herunter und setzt ein Basecap auf. »Wegen der Kameras«, sagt er.

Ohne das Öl aus den Tanks von Dandong könnte in Nordkorea kein Auto fahren, kein Flugzeug abheben und das Militär sich nicht bewegen. Wenn China den Ölzufluss unterbräche, wäre Nordkorea vermutlich innerhalb kurzer Zeit am Ende. China hat das bisher nicht getan, denn es hat in Nordkorea noch ganz andere Interessen, die insbesondere denen der USA in vielem widersprechen.

KAPITEL 7

DER TRUMP-FAKTOR: DIE USA UND NORDKOREA

An der östlichen Seite der japanischen Insel Okinawa wirkt die Küste wie ein verwunschener Meeresgarten. Im Herbst 2014 fahren wir mit dem Boot unter Torbögen aus Kalkstein hindurch, entlang an dichtbewachsenen Felsen, die aussehen wie Meeresungeheuer. Das Meer glitzert türkisblau. Unter Wasser sehen wir Korallen und Seeanemonen, in denen sich Clownfische verstecken. »Wir sind jetzt schon in dem Gebiet, in dem die Amerikaner bauen wollen«, ruft uns Takuma Higashimoto zu. Er lenkt unser Boot, hat schwarze Locken, einen dichten Bart und braungebrannte Haut. Higashimoto ist Umweltschützer und sorgt sich um das Korallenriff. »Von hier bis zum Strand sollen die Landebahnen entstehen«, sagt er und zeigt auf eine weite Wasserfläche. »Wir sind hier genau mittendrin.« Wie sehr wir das sind, merken wir ein paar Sekunden später. Wir sind den roten Bojen in der Nähe der Küste zu nahe gekommen. Plötzlich schneidet uns das Boot eines Sicherheitsdienstes den Weg ab. »Ihr dürft hier nicht weiter«, rufen uns die Männer mit einem Megafon zu. »Das hier ist Sperrzone. Dreht sofort um!«

Die roten Bojen markieren nur einen ersten Bauabschnitt, es ist eine riesige Fläche. Man kann es sich kaum vorstellen, aber hier, mitten im Korallenriff, sollen zwei neue Landebahnen entstehen, für den US-Militärstützpunkt gleich hintendran. Vier Stockwerke hoch soll die Erde aufgeschüttet werden, damit sie selbst vor Tsunamis sicher sind. Der US-Stützpunkt mit der Baustelle heißt Camp Schwab und ist nur einer der Stützpunkte der Marines auf Okinawa.

Okinawa liegt gut eintausendfünfhundert Kilometer südlich von Tokio und, was vielleicht noch wichtiger ist, rund eintausendvierhundert Kilometer südlich von Pjöngjang. Die subtropische Insel ist eine der wichtigsten Militärbasen der USA in der Region. Nicht nur die Truppen der US-Marines haben hier ihren Stützpunkt, sondern auch die Air Force, die US-Army und die Marine. Wenn in Washington über eine »militärische Option« nachgedacht wird oder wenn US-Präsident Donald Trump vor den Vereinten Nationen in nie dagewesener Weise Nordkorea mit der völligen Zerstörung droht, dann wäre hier einer der Orte, von denen aus das alles geschehen könnte. Okinawa ist deshalb eine der Frontlinien des Nordkoreakonflikts. Und mehr noch. Hier entscheidet sich das Ringen um die Vorherrschaft über das Ostchinesische Meer. Denn wer immer Okinawa beherrscht, der beherrscht auch den Zugang zum Ostchinesischen Meer.

Gegen Ende des Zweiten Weltkriegs haben die Amerikaner Okinawa nach langen und brutalen Kämpfen gegen die Japaner eingenommen. Seither haben sie diesen Stützpunkt nie aufgegeben. Insgesamt hat das US-Verteidigungsministerium laut eigenen Angaben über 39 000 Soldaten in Japan stationiert, mehr als irgendwo sonst außerhalb der USA. Der mit Abstand größte Teil ist auf Okinawa, was bei der Bevölkerung dort für erhebliche Vorbehalte sorgt und immer wieder zu Protesten führt.

Ein halbe Stunde Autofahrt entfernt von Camp Schwab liegen die Kadena Airbase der Luftwaffe und die Futenma Airbase der Marines. Die Landebahnen im Korallenriff sollen Futenma einmal ersetzen. An einem Herbsttag 2014 klettern Mechaniker dort auf Osprey-Flugzeugen herum, um sie zu warten. Die Ospreys, die in zwei langen Reihen an der Landebahn hintereinanderstehen, sind Senkrechtstarter, die ihre Propeller beim Start wie Hubschrauber nach oben richten und im Flug dann nach vorne klappen. Sie gehören zu den wichtigsten Transportmitteln der Marines, weil sie schnell und unbemerkt an jedem Ort landen können. Sie brauchen keine Landebahnen.

Colonel Peter John Lee hat mich zu einer kleinen Anhöhe geführt, von der aus die Landebahn gut sichtbar ist. Daneben sind Flugzeughangars, dahinter ockerfarbene Gebäude, in denen sich Marines gerade zum Mittagessen treffen. Ganz hinten sieht man ein hohes Gebäude. »Das ist das neue Krankenhaus mit modernsten Geräten«, erzählt Lee. Ich frage ihn, wie wichtig Okinawa für die USA und ihr Militär ist. Er rückt seine Mütze zurecht und muss einen Moment überlegen. »Viel Geld fließt hier rein«, sagt Lee, »um den Betrieb der Landebahn und die Infrastruktur zu verbessern. Was wir hier machen, hat für die USA Priorität. Wir unterstützen hier unsere Truppen und unsere Verbündeten.«

Futenma gilt manchen als einer der gefährlichsten Flughäfen der Welt, weil er mitten in der Stadt liegt, auf einer fünfundsiebzig Meter hohen Anhöhe, die zu beiden Seiten von Wohnhäusern umgeben ist. Vor ein paar Jahren ist ein Hubschrauber auf den Campus der Uni gestürzt, die direkt neben der Landebahn liegt. Niemand starb bei dem Unfall. Aber der Baum vor der Uni, der beim Absturz Feuer fing und verkohlte, wurde zu einem Symbol für die Proteste gegen die US-Militärstützpunkte auf der Insel.

Vor Camp Schwab stehen Tag für Tag Protestierende. Aus Lautsprechern dringt Okinawas Volksmusik, aus dem Tor ein langer Strom von Zementlastern. Wenn man einen Beleg dafür bräuchte, dass die USA ihre Macht auf einem ihrer wichtigsten Stützpunkte massiv ausbauen, müsste man nur die Lkw zählen. Auf der Seeseite, dort, wo uns das Boot des Sicherheitsdiensts aufgehalten hat, paddeln die Protestierenden oft vorbei an den Marines in die Bauzone. Ihnen geht es um den Schutz der Korallen, um den Frieden, sagen sie. Sie glauben an den guten Willen der Großmächte, daran, dass man sich schon irgendwie einigen kann mit China und vielleicht sogar mit Nordkorea.

Es ist ein nachvollziehbarer Wunsch. Doch die Nachrichten aus der Region erzählen eine ganz andere Geschichte. Nirgendwo sonst auf der Welt stehen sich so schwer bewaffnete Truppen gegenüber wie in Ostasien. Und nirgendwo sonst wurden diese Truppen in der letzten Zeit so stark aufgerüstet. Japan erhöhte seine Verteidigungsausgaben für 2018 noch mal um 2,5 Prozent, Südkorea sogar um fast sieben Prozent. Ebenso hoch liegt der Zuwachs bei China. Und die USA planen eine Steigerung von bis zu dreizehn Prozent auf rund siebenhundert Milliarden US-Dollar. Das ist mehr als dreimal so viel, wie China insgesamt für sein Militär ausgibt. Ein erheblicher Teil dieses Geldes fließt nach Ostasien.

Die USA haben insbesondere nach dem Zweiten Weltkrieg in Asien eine gewaltige Militärpräsenz aufgebaut. In Japan gibt es neben Okinawa noch den US-Marinestützpunkt Yokosuka in der Nähe von Tokio. Er ist das Hauptquartier der Siebten Flotte, der größten Flotte der US-Marine. Zu ihr gehören der US-Flugzeugträger USS Ronald Reagan, bis zu vierzehn Zerstörer und Kreuzer sowie ein knappes Dutzend Atom-U-Boote. Das Hauptquartier der US-Truppen in Japan liegt ebenfalls in der Nähe von Tokio, auf dem Luftwaffenstützpunkt Yokota. Auch in Südkorea haben die USA eine massive Militärpräsenz. Nach Japan und Deutschland ist dort mit gut 23 000 Mann das dritthöchste Truppenkontingent der Amerikaner außerhalb der USA stationiert. Ein großer Teil davon befindet sich ganz in der Nähe der Grenze zu Nordkorea.

Am östlichen Rand dieses Gebiets mitten im Westpazifik liegt die Insel Guam, ein Außengebiet der USA. Für Urlauber aus Japan oder Sibirien ist Guam eine Ferieninsel ähnlich wie Okinawa. Befehlshaber der US-Streitkräfte nennen Guam dagegen einen festinstallierten Flugzeugträger. Die Zahl der Soldaten liegt hier bei fast achttausend. Nach Pjöngjang sind es dreitausendvierhundert Kilometer, eine Distanz, die auf der Insel stationierte amerikanische B2-Tarnkappenbomber in weniger als vier Stunden zurücklegen. Umgekehrt hat Kim Jong-un wegen der strategischen Bedeutung Guams im Sommer 2017 damit gedroht, eine Rakete in Richtung der Insel abzufeuern.

Hinter dieser gewaltigen US-Militärmacht in Asien stand immer der Anspruch, den gesamten pazifischen Raum in einer Art Pax Americana zu beherrschen. Die USA sahen sich insbesondere auch als Schutzmacht für Südkorea und Japan. Immer wieder wurde bei früheren Nordkoreakrisen diese Militärmacht genutzt, um Pjöngjang zu drohen. Aber kein Präsident zuvor hat in seinen Reden den Einsatz dieser Waffen so sehr herbeigeredet wie Donald Trump. Das ist das Neue an der

Krise, und das macht sie so unberechenbar und gefährlich. Denn es ist eben weit mehr als nur ein Krieg der Worte zwischen Washington und Pjöngjang über Tausende Kilometer hinweg. In Ostasien stehen sich mit den USA und Nordkorea zwei bis an die Zähne bewaffnete Armeen quasi Auge in Auge gegenüber. Selbst ein konventioneller Krieg zwischen diesen Armeen hätte dramatische Folgen für die ganze Welt. US-Militärs gehen von Zehntausenden Toten allein in Seoul aus und von bis zu einer Million in ganz Südkorea. Davon betroffen wären sicher auch amerikanische Soldaten und Zivilisten, die in Südkorea stationiert sind oder dort leben. Ein Kriegsszenario des südkoreanischen Militärs aus dem Jahr 2004 kommt für einen konventionellen Krieg zu einem noch viel dramatischeren Bild. Danach könnte es bis zu zwei Millionen Tote allein in den ersten vierundzwanzig Stunden geben.

Es ist also völlig klar, dass ein zweiter Koreakrieg nicht im Entferntesten vergleichbar wäre mit den Kriegen im Irak oder in Afghanistan. Warum aber funktionieren in so einem Fall die diplomatischen Mechanismen der verbalen Abrüstung nicht? Und wie groß ist die Gefahr, dass es zu einem echten Krieg kommt?

Donald Trump ist bei seinem Besuch in Asien im Herbst 2017 nicht in Okinawa, sondern auf der Yokota Air Base bei Tokio gelandet. Zuvor hat er Halt auf Hawaii gemacht und Pearl Harbour besucht. An der Gedenkstätte für den japanischen Angriff 1941 hat er mit seiner Frau weiße Blütenblätter ins Wasser rieseln lassen. Der Angriff auf Pearl Harbour war der vermutlich schwerwiegendste Angriff eines Landes auf amerikanisches Territorium. Die USA waren daraufhin in den Zweiten Weltkrieg eingetreten. »Remember Pearl Harbour«, schrieb Trump später auf seinem Twitter-Account. Das klang in Zusammenhang mit dem Nordkoreakonflikt, als stünden Kim Jong-uns Raketen für einen neuen Überraschungsangriff. Es war auch kein Zufall, dass Trump anschließend den United States Pacific Command besuchte, um sich über die militärische Lage in der Region und auf der koreanischen Halbinsel zu informieren.

Die Amerikaner haben die Welt in Militärkommandos aufgeteilt. Der Pacific Command auf Hawaii ist das älteste und wichtigste. Sein Gebiet umfasst über die Hälfte der Erdoberfläche und einen der wichtigsten Wirtschaftsräume der Welt. Der Pacific Command ist auch zuständig für Nordkorea und alle US-amerikanischen Militärbasen in der Region.

Kaum hat Trump in Yokota sein Flugzeug verlassen, legt er sein Jackett ab und zieht eine Lederjacke an, als würde er in eine Kampfmontur schlüpfen. Vor einer Amerikaflagge, die so groß ist, dass sie die gesamte Stirnseite des Flugzeughangars einnimmt, tritt er ans Rednerpult, um wie ein Krieger zu sprechen: »Niemand, kein Diktator, kein Regime, keine Nation sollte die Entschlossenheit Amerikas unterschätzen. Immer mal wieder hat uns jemand unterschätzt«, sagt er und macht eine Pause. »Das war nicht angenehm für denjenigen. Richtig?« Die Soldaten jubeln. Es klingt wie ein Echo von Trumps Rede vor den Vereinten Nationen ein paar Wochen zuvor.

Trump hält die Nordkoreapolitik all seiner Vorgänger für gescheitert, egal, ob sie Demokraten oder Republikaner waren, ob sie Barack Obama, George W. Bush, Bill Clinton oder George Bush senior hießen. Bezeichnend für Trump ist, dass er selbst bis zu seinem Asienbesuch nicht hat erkennen lassen, wie er das Nordkoreaproblem lösen möchte.

Nordkoreas Doppelstrategie aus Provokation und Entgegenkommen kennen viele Beobachter und auch Amerikas Diplomaten. Was neu ist und die Lage gefährlicher macht als in der Vergangenheit, sind die beiden Protagonisten, Kim Jong-un und Donald Trump. Kim Jong-un hat das Tempo der Tests und die Weiterentwicklungen an seinem Waffenprogramm enorm erhöht. Und Donald Trump befeuert die gefährliche Lage mit Kriegs- und Vernichtungsdrohungen. Er gilt nicht nur in Washington und im Westen als unberechenbar, er gibt auch den Nordkoreanern Rätsel auf. Berechenbarkeit in internationalen Beziehungen aber ist einer der Garanten dafür, dass es nicht aus Missverständnissen heraus zum Einsatz von Waffen und am Ende zum Krieg kommt. Auch deshalb ist die Koreakrise so gefährlich.

Washington hat schon unter Präsident Bill Clinton ernsthaft überlegt, militärisch gegen Nordkorea vorzugehen. Als 1994 herauskam, dass der Forschungsreaktor Yongbyon heruntergefahren wurde, gingen die amerikanischen Geheimdienste davon aus, dass Nordkorea aus den abgebrannten Brennstäben des Reaktors genügend Plutonium für bis zu sechs Atombomben gewinnen könnte. Das US-Verteidigungsministerium präsentierte Clinton damals drei Optionen, die heute wieder merkwürdig vertraut klingen: schärfere Sanktionen gegenüber Nordkorea, eine militärische Machtdemonstration entlang der Grenze zu Nordkorea oder ein Militärschlag. Zu Letzterem gab es einen ausgearbeiteten Plan. Vorgesehen war ein Angriff mit Cruise Missiles und F-117-Tarnkappenjägern auf den Reaktor Yongbyon. Man glaubte, so Nordkoreas Streben nach der Atomwaffe ein Ende bereiten zu können. Was Clinton und seine Militärs damals von dem Angriff abgehalten hat, waren ein möglicher Gegenangriff Nordkoreas auf Seoul oder Tokio und dessen Folgen. Sie befürchteten, dass

Nordkorea dabei auch biologische oder chemische Waffen zum Einsatz bringen könnte.

Es war purer Zufall, dass zu der Zeit, als Clinton im Weißen Haus über einen Angriff auf Pjöngjang nachdachte, Jimmy Carter dort privat Kim Il-sung traf. Ohne dass er einen Auftrag gehabt hätte, hatte er Verhandlungen mit Kim Il-sung angefangen, der ihm tatsächlich versprach, das Atomprogramm für ein paar Gegenleistungen einzustellen. Clinton war überrascht und einverstanden. Und so begannen die direkten Verhandlungen mit den Nordkoreanern auf neutralem Boden in der Schweiz. Selten lagen Krieg und Frieden so nah beieinander. Und selten hat der Zufall so offensichtlich eine diplomatische Tür geöffnet.

Es war damals ein günstiger Moment. Anfang der Neunzigerjahre stand Nordkorea plötzlich allein da. Die Sowjetunion war zerfallen, und damit war auch ein wichtiger Geldgeber weggebrochen. Verschwunden war auch der Handelsraum des Ostblocks. Die Nordkoreaner steckten in massiven Zahlungsschwierigkeiten und waren entsetzt darüber, dass ihr Verbündeter China sich aus wirtschaftlichen Gründen dem Erzfeind Südkorea annäherte.

Das sogenannte Genfer Rahmenabkommen sah vor, dass Nordkorea auf sein Atomprogramm verzichtete. Im Gegenzug waren die USA bereit, die Sanktionen zu lockern, wirtschaftliche Hilfe zu leisten und einen Leichtwasserreaktor in Nordkorea zu bauen, der zwar Strom lieferte, aus dem man aber kein Plutonium gewinnen konnte. Sogar die Aufnahme von diplomatischen Beziehungen zwischen Nordkorea und den USA war Teil dieses Abkommens.

Es scheiterte an dem Misstrauen, das es nach wie vor zwischen den beiden Staaten gab. Eine der Schwächen des Abkommens war, dass kein Zeitplan für die Umsetzung der Versprechungen festgelegt worden war. Es gab aber auch keine internationale Institution, die die Umsetzung hätte überprüfen können. Und da es nur ein Abkommen zwischen Nordkorea und den USA war, blieben alle Nachbarstaaten außen vor.

Das Abkommen fiel endgültig Anfang der Zweitausenderjahre auseinander, mit dem Beginn der zweiten nuklearen Krise. George W. Bush war an die Macht gekommen und sah Nordkorea als Teil einer »Achse des Bösen«, zu der er auch Irak und Iran zählte. Doch für Bush war Nordkorea nach den Terroranschlägen vom 11. September 2001 nicht das drängendste Problem. Die Aufmerksamkeit der USA lag vielmehr auf dem Nahen und Mittleren Osten sowie auf dem Maghreb, wo Diktatorenregime stürzten. Und die USA zogen in den Krieg gegen Afghanistan und den Irak.

Trotzdem gab es in dieser Zeit eine weitere erstaunliche Initiative. Die Sechs-Parteien-Gespräche schlossen nun auch die anderen Länder der Region mit ein, also Südkorea, China, Japan und Russland. Aber dieses Abkommen scheiterte ebenfalls: Den Nordkoreanern wurde vorgeworfen, heimlich ihr Waffenprogramm voranzutreiben, für dessen Finanzierung sie Sanktionen umgehen würden. 2009 schließlich stieg Nordkorea aus den Gesprächen aus.

Amerikas Nordkoreapolitik war in den letzten Jahren von Obamas Präsidentschaft im Wesentlichen eine Politik des Abwartens. Obama nannte das »strategische Geduld«. Irgendwann würden diplomatische Isolation und Sanktionen Nordkorea zurück an den Verhandlungstisch bringen und dazu zwingen, das Atom- und Raketenprogramm aufzugeben. Beides funktionierte jedoch nicht. Die Sanktionen ließen Pjöngjangs Machthaber letztlich unbeeindruckt. Den Preis zahlte in erster Linie die verarmte und hungernde Bevölkerung. Auch das Ziel einer Entnuklearisierung, also einer vollständigen Aufgabe aller Atomwaffen und -anlagen, war unrealistisch und ist es heute umso mehr. Überläufer aus Nordkorea wie Thae Yong-ho haben immer wieder deutlich gemacht, dass Kim Jong-un seine nukleare Abschreckung höchstens beschränken, aber niemals aufgeben wird. Sie ist eine Überlebensversicherung für das Regime und für ihn selbst.

Während die USA zunächst Druck auf Nordkorea ausübten, um ihre Verbündeten Japan und Südkorea zu schützen, sind Nordkoreas Atomwaffen heute – mit den dramatischen Fortschritten, die Kim Jong-un gemacht hat – auch gefährlich für die USA. Trump hält wenig von Gesprächen zur Lösung dieser Krise. Selbst die inoffiziellen Gesprächskanäle, etwa über die Botschaft der Nordkoreaner bei den Vereinten Nationen in New York, funktionierten im Herbst 2017 nur noch schlecht oder gar nicht. Gleichzeitig erschrecken immer neue Nachrichten aus Washington die Öffentlichkeit. Trumps nationaler Sicherheitsberater H. R. McMaster erklärt, der Präsident sei »bereit, alles zu unternehmen, was nötig ist«, damit Nordkorea die USA nicht mit Nuklearwaffen bedrohen kann. Und US-Verteidigungsminister James Mattis betont: »Ich kann mir keine Bedingungen vorstellen, unter denen die USA Nordkorea als eine Atommacht akzeptieren würden.«

Der republikanische Senator Lindsey Graham berichtete im August 2017 von einem Gespräch mit Trump. »Wenn es Krieg gibt, um Kim Jong-un zu stoppen, dann wird das ein Krieg dort drüben sein«, so zitierte Graham den Präsidenten auf dem amerikanischen Sender NBC. »Wenn Tausende sterben sollten, dann sterben sie dort drüben. Sie sterben nicht hier bei uns.« Das habe ihm der Präsident so ins Gesicht gesagt. Man sollte wissen, dass Graham selbst zu den Kriegstreibern gehört. In derselben Sendung sagte er, dass Krieg »unausweichlich« sei, wenn Nordkorea nicht aufhöre, Interkontinentalraketen zu testen. Trump müsse am Ende zwischen Stabilität in der Region und Sicherheit zu Hause entscheiden. Ob Graham Präsident Trump richtig zitiert hat, lässt sich nicht mit Sicherheit sagen. Aber es passt zumindest zu anderen Äußerungen des Präsidenten. Und es klingt wie eine zynische Interpretation des »America First« für diesen gefährlichen Konflikt. Eine kalte Rechnung darüber, wie hoch die Kosten anderswo sein dürfen.

Ehemalige Geheimdienstmitarbeiter und Leute, die nah an der Regierung dran sind, sprechen in den Medien offen darüber, wie hoch die Wahrscheinlichkeit ist, dass es zum Krieg kommt. Sind es zwanzig Prozent, sind es, wie einige behaupten, sogar fünfzig Prozent? Deshalb ist es so entscheidend gewesen, wie Trump bei seinem Besuch in Asien im Herbst 2017 aufgetreten ist und was er den Verbündeten gesagt hat, die sich große Sorgen machen. Und auch, wie er sich gegenüber China verhalten hat, dem großen Rivalen der USA, ohne den der Konflikt mit Nordkorea nicht zu lösen ist.

Kurz vor Trumps Besuch in Japan trat im dortigen Fernsehen ein Experte für Körpersprache auf, der sich mit dem Gesichtsausdruck des amerikanischen Präsidenten genauer beschäftigt hatte. Er tat dies, wie für Japaner üblich, mit großer Hingabe und entwickelte sogar einen eigenen Algorithmus, um Trumps Stimmungen zu erkennen und ihnen Farben zuzuordnen. Das Ergebnis war nicht besonders überraschend: Trump kann wütend sein, rot, er kann entspannt sein, grün, und er kann sogar traurig sein, blau.

Natürlich sind die Japaner nicht die Einzigen, die sich fragen, ob Trump wirklich meint, was er sagt, und was hinter seinen Äußerungen steckt. Für Japan aber hat das alles eine existentielle Bedeutung. Das Verteidigungsbündnis mit den USA ist nicht eingebettet in die Struktur einer großen Organisation wie der NATO und damit wesentlich abhängiger von den Launen des Obersten Befehlshabers der USA. Viele Japaner haben Angst davor, dass die USA unter Trump ihre Schutzaufgaben nicht weiter wahrnehmen. Deshalb ist ihr Vertrauen in die amerikanische Außenpolitik – nach einer PEW-Umfrage vom Herbst 2017 – von achtundsiebzig Prozent (unter Obama) auf vierundzwanzig Prozent (unter Trump) abgestürzt.

Im Wahlkampf hat Trump erklärt, Japan und Südkorea sollten sich selbst mehr um ihre Sicherheit kümmern. Die Japaner wären besser dran, wenn sie ihr eigenes Atomwaffenarsenal hätten. Davon war beim Asienbesuch im Herbst 2017 keine Rede mehr, die USA wollen keine weitere Atommacht in Asien. Aber Trumps Wahlkampfauftritte haben in Japan all jene Zweifler bestärkt, die davor warnen, sich angesichts von Nordkoreas Drohungen allein auf den Schutz der USA zu verlassen. »Es gibt in der ganzen Region Zweifel wegen dieses unberechenbaren Präsidenten«, sagt Jeff Kingston, Direktor für Asienstudien an Tokios Temple-Universität. »Premierminister Abe ist zum Beispiel besorgt, dass China und die USA einen Deal machen könnten und Japan außen vor bleibt.«

Abe hat seine eigenen Schlüsse daraus gezogen. Er geht mit Trump bei dessen Besuch erst mal Golf spielen. Überhaupt hat er sich von Beginn an ganz auf die Seite von Trump gestellt, telefoniert regelmäßig mit ihm und ist Trumps dickster Kumpel in Asien, aber im Grunde auch der einzige. Das Verhältnis der beiden erinnert ein wenig an das zwischen

George W. Bush und Tony Blair vor dem Irakkrieg, als Blair eine Art Freifahrtschein für alles ausstellte, was Washington im Irak vorhaben sollte. Abe stehe, schrieb er im Sommer 2017 in der *New York Times*, ganz hinter der Position Trumps, der sagt, dass gegenüber Pjöngjang alle Optionen auf dem Tisch lägen.

So sehr man bis heute rätselt, was Blair damals zu dieser Nibelungentreue gegenüber Bush getrieben hat, die sein Land teuer zu stehen kam und seiner Reputation enorm schadete, so offensichtlich scheint es bei Abe. Es ist die Furcht, dass die USA Japan fallen lassen könnten. Für Japan war es ein Schock, als im Sommer 2017 zweimal Testraketen der Nordkoreaner über Hokkaido hinwegrasten, um dann weit draußen im Pazifik ins Meer zu fallen. Damals dröhnten frühmorgens Sirenen in Städten und Dörfern auf Hokkaido, der Betrieb des Schnellzugs Shinkansen in die Provinzhauptstadt Sapporo wurde unterbrochen. Nordkorea hatte Japan unmissverständlich klargemacht, dass es in Reichweite seiner Raketen lag und damit auch in Reichweite seiner nuklearen Bedrohung.

Abe verfügt in beiden Häusern des Parlaments über eine ausreichende Mehrheit für eine Verfassungsänderung, die dem Militär eine größere Rolle zuschreibt. Ein Projekt, das Abe seit langem verfolgt. Japans Verfassung stammt aus dem Jahr 1947 und entstand unter dem Eindruck japanischer Eroberungen und Verbrechen während des Zweiten Weltkriegs. In Artikel 9 der Verfassung heißt es, dass das japanische Volk für immer das souveräne Recht einer Nation aufgebe, Krieg zu führen. Ebenso verzichte es auf die Androhung von Gewalt, um internationale Konflikte zu lösen. Japan versprach damals auch, dass es keine Armee haben werde. Daran hielt sich Japan schon bald nicht mehr, es nennt sein Militär nur nicht so, sondern »Selbstverteidigungskräfte«. Abe möchte dem Militär in der Verfassung nun eine neue Legitimität geben und dessen Rolle erweitern. Sein wichtigstes Argument dafür ist die Bedrohung Japans durch Kim Jong-un. Wie der US-Präsident ist Abe der Meinung, dass Verhandlungen und Konzessionen gegenüber Nordkorea nicht zum Erfolg führen, sondern nur harte Sanktionen und Druck.

Es kommt selten vor, dass man bei solchen Staatsbesuchen am Seitenrand steht und dabei zusehen kann, wie eine Krise immer weiter eskaliert und wie solche Gespräche auch dem Ziel dienen können, auf einen möglichen Krieg vorzubereiten. Dieser Besuch von Donald Trump in Asien im Herbst 2017 war so eine Gelegenheit. Manchmal hatte es den Anschein, als würde da jemand seine Truppen und seine Gefolgschaft inspizieren, um sich seiner eigenen Stärke für all das, was kommt, zu vergewissern. Von Japan aus reiste Trump nach Südkorea und war in Seoul sozusagen in Reichweite von Kim Jong-uns Artillerie, die in Bunkern an der Grenze stationiert ist. So nahe waren sich Kim und Trump noch nie. Und fast wären sie sich sogar noch näher gekommen.

Der Morgen des 7. November 2017 war kühl und feucht in Südkoreas Hauptstadt. Es war kurz vor Sonnenaufgang. Dichter Nebel hing über der Stadt, verhüllte die Wolkenkratzer und dämpfte das fahle Licht. Wir waren früh auf, weil wir nach Peking fliegen wollten, um dort zu sein, wenn Donald Trump mit seinem Tross am Nachmittag in Chinas Hauptstadt ankommen würde. Die Straßen waren leer, und wir kamen gut in Richtung Flughafen voran. Doch plötzlich standen wir im Stau, nichts ging voran. Rechts sah man hohe Mauern mit Stacheldraht. Dahinter liegt die Yongsan-Garnison mit dem Hauptquartier der US-Streitkräfte in Südkorea. Wir rätselten, warum es so früh am Morgen genau hier einen Stau gab. Bis unser Fahrer schwarze Limousinen mit Blaulicht ausmachte, Jeeps und SUV, die in hoher Geschwindigkeit auf die Kaserne zurasten. Er grinste und sagte, das müsse wohl Donald Trump gewesen sein. An diesem Vormittag, das wussten wir, sollte er eine Rede im Parlament Südkoreas halten. Aber was machte er hier um kurz nach sieben?

Ein paar Stunden später klärte sich das Rätsel auf. Trump hatte sich doch noch entschieden, in die Demilitarisierte Zone zu fliegen, obwohl das Weiße Haus zuvor erklärt hatte, dafür fehle die Zeit. Überhaupt, hieß es, sei die DMZ doch inzwischen eher ein Klischee. Es ist eine merkwürdige Art, so über den Ort zu sprechen, an dem der Koreakonflikt am deutlichsten zutage tritt. Trump war also heimlich an diesem frühen Morgen in seinen Helikopter gestiegen, die Marine One. Außerdem starteten noch mehrere große Chinook-Hubschrauber mit Rotoren vorne und hinten – die Tür offen, an Bord schwerbewaffnete Sicherheitskräfte und ein paar Journalisten aus dem Pressekorps des Weißen Hauses.

Der Nebel in der Nähe der Grenze muss noch dichter gewesen sein als in Seoul. Beim Anflug, so hieß es später, haben die Hubschrauber den Sichtkontakt verloren und seien umgedreht. In den Neunzigerjahren war einmal ein amerikanischer Hubschrauber von Nordkoreanern abgeschossen worden, weil er sich auf nordkoreanisches Gebiet verirrt hatte. Das wollten sie mit dem Präsidenten an Bord nun offenbar vermeiden.

Nach dem abgebrochenen Anflug wartete Trump in seiner gepanzerten Limousine über eine Stunde darauf, dass der Nebel sich lichten würde. Südkoreas Präsident Moon Jae-in wartete ebenfalls – und zwar an der Grenze auf ihn. Anders als Trump hatte er es bis in die DMZ geschafft. Das machte die

Sache für Trump noch schwieriger. Er hatte Moon in den Wochen zuvor arrogant und herablassend behandelt und ihm zu verstehen gegeben, dass er ihn in Sachen Nordkorea für zu weich halte. Moons Versuche, Verhandlungen mit dem Norden einzuleiten, lehnte Trump ab. Und es hatte ihn auch aufgebracht, dass Moon für Südkorea eine Art Veto reklamierte, sollten die USA sich für eine militärische Option entscheiden.

Das Wetter in Seoul veränderte sich nicht, es blieb weiterhin neblig. Trump soll getobt haben. Er wollte sich an der Grenze in Sichtweite zu Nordkorea hinstellen, wie das viele US-Präsidenten vor ihm getan haben. Nach all den Provokationen und Drohungen wäre es eine besondere Geste gewesen: Seht her, da bin ich. Im Nachhinein erscheint dieser geplatzte Besuch in der DMZ wie ein Symbol für die Art, wie Trump Politik macht. Er droht, er baut sich auf, aber beim ersten Anlauf scheitert er an der Wirklichkeit.

Kurz nach der Episode in der Yongsan-Garnison nahm Trump auf einem braunen Ledersessel neben dem Rednerpult in Südkoreas Parlament Platz. Vor ihm die Abgeordneten des südkoreanischen Parlaments, schräg hinter ihm der Sprecher des Parlaments, Chung Sye-kyun, der ihn als den »Anführer der Welt« ankündigte. Trumps Rede war sicher eine seiner besseren. Jemand muss ihm dieses klare Bild aufgeschrieben haben, den Gegensatz zwischen dem unfreien Nordkorea, einer »Hölle« unter der Herrschaft eines Diktators, und dem freien Südkorea, in dem das Volk sich selbst Wohlstand und Demokratie erstritten habe. Trump selbst prahlte mit der militärischen Stärke, die die USA vor der koreanischen Halbinsel aufgefahren haben: Atom-U-Boote, drei der größten Flugzeugträger der Welt, »vollbeladen mit wunderbaren F-35- und F-18-Kampfjets«. Trump sagte: »Ich will Frieden durch Stärke.« Aber seine Rede befasste sich in erster Linie damit, wie Nordkorea mit militärischen Drohungen und mit internationalen Sanktionen zum Einlenken gebracht werden soll. Die Verhandlungsversuche seiner Vorgänger im Präsidentenamt wischte er beiseite, indem er Nordkorea beschuldigte, die USA stets hintergangen und immer das eine versprochen und das Gegenteil getan zu haben. Ganz falsch war das nicht, aber bei ihm klang es wie die Rechtfertigung dafür, dass jede Art von Verhandlung oder von Gesprächen nutzlos sei: »Das Regime in Nordkorea hat Amerikas Zurückhaltung in der Vergangenheit als Schwäche ausgelegt. Das ist eine fatale Fehleinschätzung. Diese Administration ist eine ganz andere, als die USA sie in der Vergangenheit hatte.«

Als ich die Rede hörte, hatte ich den Eindruck, als würde Trump rhetorisch jenen Militärschlag vorbereiten, den seine Vorgänger immer verworfen haben. Wer immer sich fragte, warum die sonst so bewährten Mittel der diplomatischen Kriegsverhinderung in diesem Fall nicht griffen, hier war die Antwort. Weil Trump, weil seine Administration genau diese Mechanismen mit Verachtung betrachteten, als einen Ausweis der Schwäche. Gerade deshalb machte Trumps Besuch in Asien so deutlich, dass hier die Supermacht Stück für Stück in Richtung eines desaströsen Krieges rückt.

Am Ende hatte Trump noch eine Botschaft oder eine Art Angebot für Kim Jong-un. Trump versprach ihm einen Weg in eine bessere Zukunft. Allerdings nur unter der Voraussetzung, dass dessen Regime seine Aggressionen ebenso wie die Entwicklung von ballistischen Raketen aufgebe. Außerdem verlangte er etwas, was alle Präsidenten vor ihm gefordert und woran sie alle gescheitert waren: die vollständige und nachprüfbare Entnuklearisierung Nordkoreas.

Es war ein Angebot, von dem jeder sofort weiß, dass es nicht zu Verhandlungen führen wird. Aber Trump und seine Berater lehnen es ab, Nordkorea als Atommacht anzuerkennen und eine Strategie zu nutzen, die im Kalten Krieg gegen die Sowjetunion über Jahrzehnte einen Atomkrieg verhindert hat. Sie glauben, dass die klassische Abschreckungspolitik im Falle Nordkoreas nicht funktioniert. Aber warum sollte sie eigentlich nicht funktionieren? Warum sollte Kim Jong-un nicht genauso rational und am eigenen Überleben orientiert handeln wie die Machthaber im Kreml? Auch Republikaner wie die ehemalige US-Außenministerin unter George W. Bush, Condoleeza Rice, fordern inzwischen, die USA sollten Nordkorea mit einer klassischen Abschreckungspolitik in Schach halten. Es wäre zumindest eine Strategie, die am Ende weitaus weniger gefährlich ist. Und sie würde vielleicht sogar die Tür für Verhandlungen öffnen.

Am Tag nach seiner Rede in Seoul traf Trump in Pekings Machtzentrum Chinas Staatspräsidenten Xi Jinping. Auf dem Dach der Großen Halle wehten Dutzende roter Flaggen. Wir waren früh gekommen, um einen guten Platz bei der Pressekonferenz zu ergattern, die die beiden an diesem Tag abhalten sollten. Doch die Wachen am Eingang zur Großen Halle ließen uns noch nicht herein. Und so warteten wir am Fuß der Treppe, die kurz darauf zu einer zweiten Bühne für diesen Besuch wurde.

Wenn die zwei Mächtigsten der Welt sich treffen, dann zeigen unsere Kameras meistens nur den roten Teppich. Die Militärkapelle, die die Nationalhymnen spielt, die aufgepflanzten Bajonette, die in der Sonne glitzern. Am Hintereingang, auf der zweiten Bühne aber, versammelt sich zur gleichen Zeit der ganze Tross des Gastes. Wenn ein amerikanischer Präsident anreist, ist das eine kleine Armee, die da heranrückt. In schwarzen SUV, in Militärjeeps, mit Wagen, die große Sendeanlagen auf dem Dach tragen, um den Mobilfunkempfang in der Umgebung blockieren zu können. Breitschultrige Männer mit kahlrasierten Häuptern und einem Knopf im Ohr sind dabei und laufen aufgeregt hin und her. In manchen Autos sieht man hinter den getönten Scheiben Soldaten mit Sonnenbrillen sitzen. Wenn sich eine ihrer Türen kurz öffnet, erkennt man, dass sie Sturmgewehre bei sich tragen, Pistolen, schusssichere Westen. Am Rande parkt die schwergepanzerte Präsidentenlimousine. Einige Chinesen posieren davor, um Selfies zu schießen. Es ist eine Menge Bewunderung dabei für all die Macht, die hier zum Ausdruck kommt. Bewunderung und der Anspruch, selbst diese Rolle einzunehmen.

Am Abend zuvor hatte Xi Jinping Donald Trump durch die Verbotene Stadt geführt. Trump schien beeindruckt von den Palästen der Harmonie und der höchsten Harmonie, an denen einst Chinas Kaiser residierten und aus Sicht der Chinesen die Welt beherrschten. Pekings Machthaber legen immer großen Wert auf das Protokoll und darauf, was durch die Blume aller Förmlichkeiten gesagt werden soll. Die Botschaft des Empfangs in der Kaiserstadt war unüberhörbar. Er sollte ein Zeichen dafür setzen, wie mächtig China inzwischen wieder ist. Wie sehr es sich auf einer Stufe mit den USA sieht. Und was China von den USA will: eine Aufteilung der Welt in Einflusssphären, die Herrschaft im Südchinesischen Meer und freien Handel, damit China weiter wirtschaftlich wachsen kann.

Xi Jinping sagte bei der Pressekonferenz das, was er amerikanischen Präsidenten immer sagt: »Der Pazifik ist groß genug für uns beide.« Was er damit meint: Wir sollten den Pazifik unter uns aufteilen. Die westliche Hälfte, Südkorea, Japan, das Ostchinesische und das Südchinesische Meer, das ist Chinas Einflusssphäre. Natürlich sehen die USA das ganz anders. Washington will keine Aufteilung des pazifischen Raums, es sieht sich nach wie vor als die beherrschende Macht dort. Genau deshalb bauen sie ja auch ihre Stützpunkte in dieser Region aus. Aus Pekings Sicht nutzen die USA und ihre Verbündeten Südkorea und Japan die Krise mit Nordkorea für eine massive Aufrüstung, die letztlich nicht gegen Pjöngjang, sondern gegen Peking gerichtet ist. Schon unter Obama haben die USA spätestens seit 2013 zum großen Ärger der Chinesen so viel militärisches Gerät und Personal in die Region verlegt, wie es ohne die Nordkoreakrise kaum möglich gewesen wäre. Xi Jinping hat den Anspruch Chinas auf seinen Anteil am Pazifik bei dieser Pressekonferenz mit einem freundlichen Lächeln vorgebracht. Es war der Kern dessen, worum es ihm im Verhältnis zu den USA seit Jahren geht. Und es zeigt, was für ein enormes Konfliktpotential da zwischen China und den USA liegt.

Fragen an die beiden Präsidenten waren in Peking nicht erlaubt. Bei Obamas letztem Besuch konnte ein Korrespondent der *New York Times* Xi Jinping noch fragen, warum China westliche Medien wie die *Times* aussperre und ihre Internetseiten blockieren lasse. Es war eine sichtlich unangenehme Angelegenheit für Xi, der Fragen nicht gewohnt ist. Xi antwortete, dass auch ausländische Medien sich in China an die Regeln zu halten haben. Er meinte damit natürlich die Regeln der Kommunistischen Partei. Obama hat darauf ebenfalls geantwortet und die Bedeutung der Meinungsfreiheit und der freien Rede betont. Damals war das ein Amerika, das auch auf dem roten Teppich seine Werte hochhält. Diesmal aber schien es, als seien Trump und Xi in gleicher Weise froh darüber, keine Fragen beantworten zu müssen.

Bei seinem Besuch in Peking sagte Trump nichts zu Menschenrechten und Demokratie. Er setzte sich nicht für die Freilassung der Menschenrechtsanwälte ein, die in China inhaftiert sind – ohne ein transparentes Verfahren, ohne Vertretung durch einen freigewählten Anwalt und ohne Kontakt zu ihren Familien. Trump zeigte auf diese Weise, dass ihn Amerikas Werte, dass ihn Demokratie, Freiheit, Menschenrechte nicht scheren. Das ist eine Botschaft mit besonderer Sprengkraft in dieser Region. In China hoffen viele auf Öffnung und Demokratisierung. In Südkorea sind nur ein paar Monate zuvor Millionen auf die Straße gegangen, um eine korrupte Präsidentin aus dem Amt zu treiben. Das war ein machtvoller Beweis einer jungen, politisierten Generation.

Trump scheint nicht zu merken, dass er mit seinem America First, dieser politischen Ego-Strategie, die nur auf militärische Stärke und Handelsbeziehungen setzt und von Werten und Gemeinsinn nichts wissen will, politisches Kapital verspielt. Denn paradoxerweise verliert Amerika, obwohl es in Ostasien so militärisch machtvoll auftritt wie noch nie in seiner Geschichte, an Einfluss. Das liegt nur teilweise an Trump. Er beschleunigt mit seiner Politik eine Zeitenwende, einen Trend, den es schon vor ihm gegeben hat. China sieht die USA als absteigende Weltmacht und sich selbst als die neue, kommende. Genau deshalb erscheint Chinas Politik gegenüber Nordkorea oft als rätselhaft. Genau deshalb spielt China ein doppeltes und ein gefährliches Spiel auf der koreanischen Halbinsel.

KAPITEL 8

SO ENG WIE ZÄHNE UND LIPPEN? CHINA UND NORDKOREA

An einem Samstagvormittag im Herbst 2017, an dem Pekings Himmel strahlend blau leuchtete wie sonst selten, wurden die Einwohner von Sirenen aufgeschreckt. Zuerst dröhnte ein Frühwarnsignal durch die Häuserschluchten, dann folgte das Zeichen für einen Luftangriff: sechs Sekunden Sirenen, sechs Sekunden Pause, dann wieder Sirenen. So wie in Deutschland zu Zeiten des Kalten Kriegs rollten Alarmwellen durch die Stadt, und auch wenn es nur eine Übung war, schauten doch viele unwillkürlich ängstlich nach oben. Pekings klare Luft machte in diesem Moment die Sache noch bedrohlicher. Meine chinesischen Freunde konnten sich nicht daran erinnern, wann es so eine Übung von Pekings Luftabwehr zuletzt gegeben hatte. Aber alle waren sich einig darin, warum diese Übung gerade jetzt stattfand.

Chinas Verhalten im Nordkoreakonflikt mag aus westlicher Sicht oft rätselhaft und widersprüchlich erscheinen. Seit Nordkoreas erstem Atomtest 2006 hat das Land im Sicherheitsrat der Vereinten Nationen allen Sanktionen gegen Pjöngjang zugestimmt. Als China Anfang 2017 dementsprechend

Kohleimporte aus Nordkorea untersagte, beschimpfte die staatliche Zentrale Koreanische Nachrichtenagentur (KCNA) Peking in einem Stil, der sonst eher den USA vorbehalten bleibt. Ohne China beim Namen zu nennen, sprach KCNA von einem Land, »das sich selbst zur Großmacht stilisiert, aber nach der Pfeife der USA tanzt«. Es habe, ohne abzuwarten, den unmenschlichen Schritt unternommen, Nordkoreas Außenhandel zu blockieren, der doch den Lebensstandard der Menschen erhöhen solle. Es sei »absolut kindisch« zu glauben, Nordkorea werde sich dadurch von der Entwicklung der Atomwaffen und Interkontinentalraketen abhalten lassen.

Gleichzeitig aber hat China, anders als es diese Tirade aus Nordkorea vielleicht vermuten lässt, bei der Durchsetzung eben dieser Sanktionen an der eigenen Grenze zu Nordkorea lange Zeit weggeschaut. China hat, wie bereits beschrieben, den Schmuggel über die Grenze toleriert und chinesischen Unternehmen enge Kooperationen mit Nordkorea gestattet. Erst seit 2017 schaut China genauer hin und setzt die Sanktionen strenger um. Warum hat es bei der Durchsetzung so lange gezögert? Treibt es in Sachen Nordkorea ein doppeltes Spiel?

Nach jedem Raketen- oder Atomtest Nordkoreas haben die Sprecher des chinesischen Außenministeriums ihren Auftritt im Pressesaal des Ministeriums, an dessen Stirnseite eine Art Bühne aufgebaut ist, auf der China seine Weltpolitik erklärt. Im Hintergrund eine blaue Wand, davor eine leuchtend rote chinesische Flagge, vorn ein Rednerpult. Die Sprecher treten immer von links wie aus einer Kulisse auf die Bühne. Und ihr Text ist im Kern immer der gleiche: Sie verurteilen den Test, verlangen von allen beteiligten Staaten im Konflikt Besonnenheit und wiederholen das Ziel von Chinas Koreapolitik, nämlich Entnuklearisierung und Stabilität. Das Problem ist nur:

Mit jedem weiteren Test wird deutlich, dass China bisher keines der beiden Ziele erreicht hat.

China will im eigenen Hinterhof keinen weiteren Atomstaat, nicht zuletzt deshalb, weil Kim Jong-un mit Nuklearwaffen letztlich auch ein Risiko für China wäre. Schon die Atomtests Nordkoreas in der Nähe der Grenze sieht Peking als mögliche Bedrohung seiner Bürger und hat klargemacht: Wenn bei so einem Test Radioaktivität austritt und chinesische Grenzstädte erreicht werden, würde man das als Angriff auf eigenes Territorium auffassen.

Wie sehr China bei diesem Thema inzwischen von Nordkorea genervt ist, erlebe ich immer, wenn ich parteinahe Nordkorea-Experten in Peking zum Interview treffe. Eine kalte Wut bricht da hervor, dass Kim Jong-un alle Warnungen Chinas in den Wind schlägt und Peking kaum Einfluss auf Nordkoreas Waffenprogramm hat. Wie zum Beweis legt Nordkorea seine Atom- und Raketentests auch gerne so, dass es damit einen großen Auftritt Pekings auf der internationalen Bühne vermasselt. So zum Beispiel, als Kim zum Auftakt des Gipfels der BRICS-Staaten in China im September 2017 eine Atombombe testete. Aber solche Provokationen bedeuten eben noch lange nicht, dass China sich deshalb ganz von Nordkorea abwenden würde oder gar die gleichen Interessen hätte wie Japan oder die USA.

Im Gegenteil, der Machterhalt des Regimes in Nordkorea spielt für China eine große Rolle, wenn es um die Stabilität in dieser Region geht. Aus Sicht von Chinas allmächtiger Kommunistischer Partei bedeutet Stabilität im Inneren wie im Äußeren, dass der Herrschaftsanspruch der Partei gilt und nicht in Frage gestellt wird. Während das in China fraglos der Fall ist, kann man das von Nordkorea und der Region insgesamt nicht behaupten. Aber Stabilität ist ein Ziel, das China auch in seiner Außenpolitik hartnäckig verfolgt. Und gefährlicher, ja instabiler wäre es aus Pekings Sicht, wenn in Nordkorea ein Machtvakuum entstehen würde. So unbequem Kims Regime also für China sein mag, es bedeutet immerhin ein bisschen Stabilität.

China sieht sich als die aufstrebende, wenn nicht als die herrschende Großmacht in Asien. Es erweitert seinen Einfluss seit Jahren politisch, wirtschaftlich und militärisch. Das führt zu Auseinandersetzungen mit Japan und Südkorea, vor allem aber mit den USA, die seit dem Zweiten Weltkrieg den pazifischen Raum dominieren. Hinter dem Nordkoreakonflikt wirkt deshalb immer noch ein anderer, größerer – das Ringen Chinas und der USA um die Vorherrschaft im pazifischen Raum. Auch wenn dieser Großmachtkonflikt in der aktuellen Berichterstattung oft überlagert wird von den Nachrichten über Nukleartests in Nordkorea und Tweets aus Washington, so prägt er das Verhalten Pekings. Und er erklärt auch, warum manches, was auf den ersten Blick als widersprüchlich erscheint, in Wahrheit eher Teil einer chinesischen Doppelstrategie ist.

In Chinas Außenministerium hängt an einer Wand eine Weltkarte. Sie sieht ein bisschen anders aus, als wir es gewohnt sind. China ist in der Mitte, es ist das Reich der Mitte. Links davon ist Zentralasien, ganz außen links Europa. Ganz rechts sieht man Amerika. In dieser Perspektive wirkt Amerika erstaunlich nah, eher wie ein Nachbar Chinas. Dazwischen liegen tatsächlich nur der Pazifik, Japan und Korea. Diese Weltkarte verdeutlicht Chinas Anspruch und seine Sorge vor der Übermacht der USA. Vor Chinas Haustür liegt eine der strategisch wichtigsten Regionen der Welt, die für fast ein Viertel der Weltwirtschaft steht. Hier verlaufen die wichtigsten

Schifffahrtsrouten, der Meeresboden ist voll mit Bodenschätzen und Ressourcen.

Gleichzeitig sieht sich China umgeben von einer amerikanischen Allianz. So ist aus Pekings Sicht Japan eine Art amerikanischer Brückenkopf vor der eigenen Haustür. Gleiches gilt für Südkorea, wo ebenfalls große Truppenkontingente der USA stationiert sind. Diese massive Militärpräsenz der USA im eigenen Hinterhof überlagert alle Überlegungen, auch in Sachen Nordkorea. Das Ziel Chinas ist es, diese Situation früher oder später zu verändern, weil es sich als die eigentliche Führungsmacht in Asien sieht. Es wäre also die Rückkehr zu einem historischen Zustand, den China als so etwas wie den Normalfall betrachtet.

Die Sirenen, die an jenem Samstagvormittag durch Chinas Hauptstadt heulten, waren also nicht durch Zufall eine schaudernde Erinnerung an den Kalten Krieg. Für meine chinesischen Freunde war völlig klar, dass das eine Vorbereitung auf gleich zwei Gefahren war. Die eine: dass die Auseinandersetzung mit Pjöngjang wegen seines Atomprogramms auch China ins Visier von Kim Jong-un rücken könnte. Die andere: dass die Nordkoreakrise zu einem Konflikt zwischen China und den USA um die Vorherrschaft in der Region eskalieren könnte.

Es gibt eine Szene, die wie unter einem Brennglas zeigt, was China und Nordkorea zusammenhält und was sie trennt. Bei der Militärparade zum siebzigsten Jubiläum der Gründung von Nordkoreas Arbeiterpartei im Herbst 2015 stand oben auf dem Balkon neben Kim Jong-un ein Mann im dunklen Anzug. Ende sechzig, größer als Kim, das Haar schwarz getönt, wie es chinesische Parteifunktionäre gerne machen. Liu Yunshan war zu dieser Zeit Mitglied des Ständigen Ausschusses des Politbüros von Chinas Kommunistischer Partei. Ein langer Titel, den man so übersetzen kann: Liu Yunshan war damals Chinas fünftmächtigster Mann. Das war auch schon ein Teil der Botschaft, den Peking, das immer sehr viel Zeit und Energie auf das Protokoll verwendet, mit diesem Besuch senden wollte. Es kam nicht Xi Jinping, Staatspräsident und – noch wichtiger – Generalsekretär von Chinas Kommunistischer Partei. Es kam nicht der erste Mann, es kam der fünfte. Chinas Staatspräsident Xi Jinping und Kim Jong-un haben sich in all den Jahren, nachdem beide an die Macht gekommen sind, noch nicht getroffen. Ihr Kontakt beschränkt sich größtenteils auf den Austausch einiger Telegramme.

Das ist bemerkenswert. Das Center for Strategic and International Studies in Washington hat vor kurzem untersucht, wie oft sich hohe Regierungsmitglieder aus Peking und Pjöngjang seit dem Ende des Koreakriegs 1953 getroffen haben. Man mag das für politikwissenschaftliche Erbsenzählerei halten. Aber gerade in Asien sagt es viel über die Qualität einer Beziehung aus, wer wen wie oft sieht. Unter Kim Il-sung gab es fünfundvierzig Besuche der Nordkoreaner in China und vierunddreißig der Chinesen in Nordkorea. Bei seinem Nachfolger Kim Jong-il war der Austausch sogar noch reger. In den sieben Jahren seiner Herrschaft kamen beide Seiten auf ähnlich viele Besuche wie bei Kim Il-sung in über dreißig Jahren. Aber dann, mit Kim Jong-un, bricht es ab: in sechs Jahren fünf Besuche in Peking, vier in Pjöngjang. Kim Jong-un selbst hat Nordkorea seit seinem Machtantritt zu keiner einzigen Auslandsreise verlassen.

Eine chinesische Freundin hat mir erzählt, dass sie in ihrer Schulzeit öfters bei hohen Staatsbesuchen mit einem Fähnchen dastehen musste, um die sozialistischen Bruderstaaten freudig zu empfangen. An einen Besuch erinnert sie sich besonders gut: Zusammen mit anderen stand sie damals am Pekinger Bahnhof, der südöstlich vom Platz des Himmlischen Friedens liegt, schwang ihr Fähnchen und wusste nicht recht, für wen das nun alles sein sollte. Der Mann, der dann aus dem Bahnhof trat, kam ihr als junges Schulmädchen schon ziemlich alt vor. Er trug eine dicke Brille, und sie erinnert sich besonders, dass er am Nacken eine Geschwulst hatte. Erst später erfuhr sie, dass es Kim Il-sung war, der zu einem seiner vielen Besuche in Peking mit dem Zug aus Pjöngjang angereist war. Fliegen wollten Nordkoreas Mächtige nicht gern, das schien ihnen zu gefährlich. Bei solchen Empfängen wurde die chinesisch-nordkoreanische Freundschaft gefeiert, es gab Bruderküsse und viele Trinksprüche auf das enge Verhältnis.

Davon war wenig zu sehen, als Liu Yunshan in Pjöngjang war. Es sah merkwürdig aus, ihn und Kim Jong-un nebeneinander zu sehen. Wie sie den Soldaten und Panzern zuwinkten, die Raketenwerfer und Mittel- und Langstreckenwaffen beklatschten. Viel von dem Militärgerät, das da vorbeiparadierte, war aus chinesischer oder russischer Produktion. Oder es ähnelte frappierend Vorbildern aus dem Waffenarsenal der beiden Großmächte. Ab und zu nahm Kim die Hand Lius und reckte sie nach oben, als wollte er dem eigenen Volk und den Kameras der ausländischen Medien zeigen, wie gut sich China und Nordkorea doch noch verstehen. Aber oft genug standen beide einfach nur nebeneinander und schauten vor sich hin, als hätten sie sich nicht allzu viel zu sagen.

Wie die beiden dort standen, während vor ihnen Nordkoreas Militär im Stechschritt vorbeimarschierte, erinnerte an den Koreakrieg. Mao kam damals dem schwer in Bedrängnis geratenen Nordkorea mit einem Millionenheer zu Hilfe. Über 400 000 Chinesen starben nach westlichen Schätzungen bis zum Waffenstillstand 1953 bei den Kämpfen gegen die von den USA geführten Truppen. Nach dem Krieg leistete China zusammen mit der Sowjetunion enorme Aufbauhilfe im Norden. Wie schon die chinesischen Kaiser, denen das koreanische Königreich Joseon Tribut zollte, sahen Pekings kommunistische Herrscher Korea als einen Pufferstaat. Korea hatte China vor anderen Großmächten zu schützen – insbesondere vor den USA. Von Mao stammt der Satz, China und Korea seien wie Zähne und Lippen. »Ohne Lippen frieren die Zähne.« Korea die Lippen, China die Zähne – das zeigt schon, wie nach chinesischer Lesart Macht und Aufgaben verteilt sind.

Es gab um Korea immer auch eine Konkurrenz der Großmächte, ein Ringen um Einflusssphären. Nach dem Koreakrieg waren es China und die Sowjetunion, die sich als sozialistische Großmächte zunehmend in Konkurrenz zueinander sahen. Kim Il-sung wiederum hat es verstanden, diese Rivalität für sich und seine Ziele zu nutzen. China würde nicht so heftig auf Provokationen reagieren, wenn Nordkorea auch mit der Sowjetunion eng verbündet wäre und umgekehrt. Drei Jahre nach dem Waffenstillstand ließ Kim Il-sung die chinafreundliche Yan'an Fraktion innerhalb von Nordkoreas Arbeiterpartei verfolgen. Nach Interventionen aus Peking und Moskau versprach er zunächst, den Parteiausschluss der Yan'an-Mitglieder zurückzunehmen und sie zu rehabilitieren. Tatsächlich aber folgte kurz darauf eine neue Säuberungswelle, viele flohen aus Nordkorea nach China.

Mao hat dieses Vorgehen am Ende hingenommen, weil er auf der anderen Seite befürchtete, dass Nordkorea sonst in Richtung Sowjetunion abdriften könnte. Er kam außerdem

dem Wunsch von Kim Il-sung nach und zog die noch verbleibenden Truppen der chinesischen Volksarmee ab. Nordkorea schaffte es 1961 sogar, jeweils Freundschafts- und Militärbündnisse mit China und der Sowjetunion abzuschließen. Beide Verträge sahen im Wesentlichen wirtschaftliche Hilfen der beiden Großmächte und ein Verteidigungsbündnis vor. Der Vertrag war befristet und ist im Falle Moskaus inzwischen abgelaufen. Das Bündnis mit China aber wurde zuletzt 2001 erneuert und besteht damit mindestens noch bis 2021.

Entscheidend in diesem Vertrag ist Artikel 2. Darin heißt es, dass China und Nordkorea gemeinsam alles unternehmen, um Aggressionen gegen eines der beiden Länder zu unterbinden. Im Falle eines Angriffs auf einen Staat werde der andere »sofort militärische und andere Hilfe mit allen zur Verfügung stehenden Mitteln leisten«. Der Vertrag sieht außerdem vor, dass die Vereinigung Koreas nur mit friedlichen und demokratischen Mitteln erreicht werden dürfe, wobei China und Nordkorea unter demokratisch natürlich etwas anderes verstehen, nämlich den Willen des Proletariats, den niemand besser interpretiere und definiere als die Kommunistische Partei. Außerdem solle eine solche Lösung den nationalen Interessen des koreanischen Volks und dem Frieden in Fernost dienen. Das klang schon damals wie der Versuch, Kim Il-sung davon abzuhalten, erneut eine gewaltsame Vereinigung wie im Koreakrieg anzustreben.

Der Doppelvertrag mit den beiden mächtigen Nachbarstaaten zeigt, wie geschickt Nordkorea die Konkurrenz der Großmächte für sich genutzt hat. Kim Il-sung hat es geschafft, Moskau und Peking auf militärischen Beistand zu verpflichten und, was für Nordkorea nicht weniger wichtig war, auf wirtschaftliche Hilfe und Unterstützung.

Weil der Vertrag mit China nach wie vor gültig ist, besteht für Peking mindestens formal eine Beistandspflicht gegenüber Nordkorea, sollte das Land von einer anderen Macht, also beispielsweise den USA, angegriffen werden. Das bereitet auch in Peking einigen Kopfzerbrechen. Die *Global Times* veröffentlichte im Frühjahr 2017 einen Leitartikel mit der Frage, ob der chinesisch-nordkoreanische Freundschaftsvertrag ausgedient habe. Die Zeitung erscheint unter der Schirmherrschaft des Renmin Ribao, des Organs von Chinas Kommunistischer Partei. Sie ist zwar nicht unbedingt das Sprachrohr der Partei, aber sie gab in diesem Fall vermutlich ganz gut die Haltung Pekings wieder. Dort stand geschrieben, der Vertrag habe als Abschreckung gedient, um Seoul und Washington davon abzuhalten, Angriffspläne gegen Nordkorea umzusetzen. Aus chinesischer Sicht aber haben Nordkoreas Atom- und Raketentests das Risiko erhöht, dass es zu militärischen Zusammenstößen mit den USA kommen könnte. »Die Situation hat sich sehr verändert seit 2001, als der Vertrag verlängert wurde«, so die *Global Times.* Ein paar Monate später wird die Pekinger Zeitung noch deutlicher: »China sollte deutlich machen, dass es neutral bleibt für den Fall, dass Nordkorea mit einem Raketenabschuss die USA bedroht und diese dann zurückschlagen.«

Das war eine bemerkenswerte Klärung. Sie deckt sich natürlich letztlich mit dem Vertragstext, der einen Beistand nur für den Verteidigungsfall vorsieht. Aber dass Peking Anlass sah, dies über einen Meinungsartikel in einer der Partei nahestehenden Zeitung deutlich zu machen, zeigt die Sorge und Unsicherheit der chinesischen Regierung gegenüber Kim Jong-uns Plänen. Es zeigt aber auch, welches Risiko besteht, sollten sich die USA unter Donald Trump dazu entscheiden, einen Präventivschlag gegen Nordkorea zu führen. In diesem Fall besteht nach wie vor die Gefahr, dass daraus ein militärischer Konflikt zwischen den beiden Weltmächten USA und China wird.

Während China gegen Ende der Siebzigerjahre unter Deng Xiaoping die Politik der Öffnung und der Reform einleitete und jenes kapitalistische Experiment begann, das China von Grund auf umkrempelte und zur heute zweitgrößten Volkswirtschaft der Welt machte, ließ sich Nordkorea auf diesen Weg nie ein. Dort wurde das kapitalistische Experiment immer als Verrat an den sozialistischen Ideen gesehen. Dass unter der Herrschaft einer kommunistischen Partei andere Besitzverhältnisse gelten als sozialistische, dass Unternehmer auf eigenen Gewinn hinarbeiten könnten, war für Pjöngjang nicht vorstellbar. Diese Wende in der chinesischen Geschichte war für Nordkorea sogar der Grund für besonderes Misstrauen gegenüber Peking. Die Befürchtung, dass der mächtige Nachbar sein System dem kleineren Nachbarn überstülpen könnte, möglicherweis in einem Coup d'État einer chinafreundlichen Fraktion, verfolgt die Kim-Dynastie bis heute.

Die Krise in den chinesisch-koreanischen Beziehungen wurde besonders Anfang der Neunzigerjahre deutlich. Auf der einen Seite nahm Peking diplomatische Beziehungen zu Nordkoreas Erzfeind Südkorea auf. Das war ein Schock für Pjöngjang. Aber Chinas rasanter wirtschaftlicher Aufstieg passte gut zu dem, was Südkorea in dieser Zeit erlebte: das Wirtschaftswunder eines Tigerstaats, der den nordkoreanischen Bruderstaat in wirtschaftlicher Stärke plötzlich weit hinter sich ließ. Für die pragmatischen Chinesen war es kein Problem, aus wirtschaftlichen Gründen nun die Annäherung zu Südkorea zu suchen, diplomatische Beziehungen zu Seoul aufzunehmen und von der Vorstellung abzurücken, dass Nordkorea der alleinige legitime Staat für ganz Korea sei.

Andererseits fiel mit dem Zusammenbruch der Sowjetunion für Nordkorea der wichtigste Handelspartner aus, und damit blieben auch wichtige Hilfszahlungen aus, die das Land bislang erhalten hatte. Die Sowjetunion und China erwarteten von Nordkorea in dieser Zeit die Rückzahlung von Milliardenschulden. Die Chinesen hofften, dass Nordkorea unter dem Eindruck der Krise die Erfahrungen Chinas nutzen und zu dessen Wirtschaftssystem umschwenken würde. Das hat Nordkorea nicht getan. Immerhin ist der Handel mit China in dieser Zeit erheblich gewachsen. Anfang der Neunzigerjahre machte er gerade mal zehn Prozent von Nordkoreas gesamtem Handel aus, Ende der Neunziger waren es bereits dreißig Prozent. Heute ist China für gut neunzig Prozent verantwortlich.

Trotz seiner wirtschaftlichen Übermacht aber hat China ein Nordkoreadilemma. Es kann seine Stärke nur sehr beschränkt in politischen Einfluss übersetzen. Das wurde insbesondere deutlich, als Kim Jong-un 2011 die Macht übernahm. Nach einer kurzen Phase der Etablierung, in der er sich auf bestehende Machtstrukturen stützte, eröffnete er ab 2013 eine Säuberungswelle gegen die China nahestehende Fraktion in Nordkorea. Es war ein Zug, der sehr an das Vorgehen seines Großvaters Ende der Fünfzigerjahre gegen die Yan'an-Fraktion erinnerte. Es scheint so, als wolle auch Kim Jong-un jedem Einfluss von außen begegnen, als treibe auch ihn die Sorge um, dass Peking über diese Teile der Machtelite zu viel Einfluss auf Pjöngjang gewinnen könnte.

Warum aber nimmt China das hin? Warum kann es nicht mehr Druck ausüben? Das ist die große Frage, die auch viele westliche Beobachter beschäftigt. Nordkorea ist wirtschaftlich so enorm abhängig von China und schafft es doch immer wieder, auf seine Autonomie zu pochen.

Der wichtigste Grund dafür ist vermutlich, dass Nordkorea nur eine, wenngleich sehr wichtige, Figur in einem viel größeren Schachspiel ist. Es geht für China um weit mehr als nur um die Frage, wie mit Nordkoreas Atomwaffenarsenal umzugehen sei. Es geht vielmehr darum, wer in Asien das Sagen hat, und darum, wie und wann China seinen Anspruch als Großmacht gegenüber den USA durchsetzen kann.

Das war ganz deutlich beim neunzehnten Parteitag der Kommunistischen Partei in Peking im Oktober 2017 zu beobachten. Der Parteitag folgte einem Ritual, das so angestaubt wirkt, als lebten wir noch in den Sechzigerjahren des vergangenen Jahrhunderts: Die Bühne in der Großen Halle des Volkes war geschmückt mit großen roten Fahnen, vor denen die Nomenklatura der Partei in Reih und Glied Platz nahm. Im Saal saßen rund zweitausenddreihundert Delegierte, deren einzige Aufgabe darin bestand, im richtigen Moment das Manuskript mit dem Redetext des Generalsekretärs umzublättern. Xi Jinping redete am Tag der Eröffnung über dreieinhalb Stunden. Das ist selbst für chinesische Kommunisten eine ungewöhnlich lange Zeit, die sie möglicherweise sonst nur von Ansprachen Fidel Castros kannten. Xis Vorgänger im Amt jedenfalls, Hu Jintao, zeigte halb überrascht, halb ungläubig auf seine Armbanduhr, als Xi nach dieser Rede an seinen Platz kam. Aber Xi interessierte das nicht weiter. Er spielt inzwischen längst in einer ganz anderen Liga, als Hu das je getan hat. Der Parteitag sollte ihn auf eine Stufe mit Mao Zedong und Deng Xiaoping heben, den Säulenheiligen von Chinas Kommunistischer Partei. Xi Jinpings Denken wurde Teil der Parteiideologie. Wer immer es wagen sollte, ihn zu kritisieren, wendet sich also in Zukunft gegen die Grundlagen der Partei selbst.

Deshalb ist es auch so entscheidend, was Xi Jinping in dieser Rede über Chinas Außenpolitik gesagt hat. Natürlich hat er Nordkorea nicht erwähnt. Aber er hat ein Programm vorgelegt, wie man es so vermutlich nirgendwo sonst auf der Welt hören würde. Ein Programm für Chinas Aufstieg zur Weltmacht, das nicht weniger als gut dreißig Jahre umfasst. Xi erklärte der Partei und der Welt in seiner Rede, welche Entwicklung China in dieser Zeit nehmen werde und worauf sich die Welt einzustellen habe, Nordkorea und der ewige Rivale USA eingeschlossen.

Es ist in erster Linie ein Bruch mit der außenpolitischen Leitlinie, die während Chinas Wirtschaftsaufstieg über Jahrzehnte alles bestimmte. Bis dahin galt die Doktrin Deng Xiaopings, dass China in der Außenpolitik seine Stärke verbergen und zuerst einmal abwarten solle. Xi Jinping aber ist der Ansicht, dass China seine Stärke ganz offen zeigen solle und könne. Ähnlich wie das wilhelminische Deutschland Ende des 19. Jahrhunderts seinen »Platz an der Sonne« forderte, also Kolonien jenseits Europas, so fordert nun auch China seinen Platz auf der Weltbühne.

Ich kann mich nicht erinnern, dass es in letzter Zeit irgendeinen anderen Staats- oder Regierungschef gegeben hätte, der es gewagt hätte, gleich dreißig Jahre nach vorne zu schauen. Das muss man sich erst einmal trauen, zumal wenn man erklärt, dass am Ende China als neue Weltmacht dastehen werde, mindestens auf gleicher Ebene mit den USA. Der Konflikt um Nordkorea überlagert diese Zeitenwende manchmal, aber unter dieser Schicht wirkt sie nur umso mächtiger.

Es ist in diesem Zusammenhang ziemlich aufschlussreich, wie und wo Chinas Militär nicht nur seine Stützpunkte im Südchinesischen Meer platziert, sondern auch seine Truppenverbände in der gesamten Region. China gibt das selbst nicht preis, sein sogenanntes White Paper zur Rolle und den Zielen seines Militärs ist eine Ansammlung von Gemeinplätzen. Ein Blick in Papiere des amerikanischen Verteidigungsministeriums jedoch zeigt, dass die USA längst begriffen haben, welche Art von Konkurrenz ihnen in Asien erwachsen ist. Sie verwenden deshalb einen guten Teil ihrer Ressourcen darauf zu verstehen, was Chinas Militär tut und welche Ziele es verfolgt. Wie beim Schach ist entscheidend, wo man seine Spieler platziert.

Stellt man sich den ostasiatischen Raum tatsächlich einmal als Schachbrett vor, dann läge Nordkorea beziehungsweise die chinesische Grenze zu Nordkorea ungefähr an der Stelle des linken chinesischen Turms. Aus chinesischer Sicht haben die USA ihre Spieler vor der chinesischen Küste aufgestellt. Das sind mit Südkorea, Japan, Taiwan und den Philippinen also fast alle größeren Landerhebungen im Pazifischen Ozean im Umkreis Chinas. Gerade baut China seine militärische Präsenz im Süd- und Ostchinesischen Meer massiv aus. Es hat in den letzten Jahren Sandhügel im Nirgendwo dieser Meere zu Stützpunkten entwickelt. Die Chinesen nennen diese Sandhügel Xisha- und Nansha-Inseln, und sie stehen ungefähr auf der Position des rechten chinesischen Turms. Man findet sie auf Satellitenbildern, zum Beispiel auf denen, die das US-Verteidigungsministerium herausgibt. Auf diesen Darstellungen ist irgendwo auf den Sandhügeln immer ein kleines Quadrat zu sehen, das die Amerikaner als ursprünglichen Außenposten der Chinesen bezeichnen. Es zeigt: Irgendwas war da früher schon mal. Aber seht mal, was da jetzt alles hinzugekommen ist: Neu gebaut wurden Hafenanlagen, Landebahnen, Wasser- und Benzinlager sowie Waffen- und Kommunikationsanlagen. Auf diesen Stützpunkten können Kampfflugzeuge und Bomber landen, dort kann Chinas Marine tanken und Vorräte aufnehmen.

China hat das, was es als sein Territorium ansieht, bereits früh abgezeichnet mit der sogenannten Neun-Strich-Linie, die im Grunde fast das gesamte Südchinesische Meer der Einflusssphäre Chinas zuschlägt. Es ist eine Grenzziehung, die aus chinesischer Feder stammt und letztlich auch nur von China anerkannt wird. Sie macht aber zumindest den Anspruch Pekings deutlich. 2009 hat China in einem Schreiben an die Vereinten Nationen seine Position noch einmal sehr klargemacht: »China hat unbestreitbare Souveränität über die Inseln im Südchinesischen Meer und die angrenzenden Gewässer«, heißt es da. Diese Rechte schließen nach Ansicht Pekings auch den Meeresboden mit ein, also die Ausbeutung der dort vermuteten riesigen Erdöl- und Erdgasressourcen.

Chinas Stützpunkte, für die sich das amerikanische Militär mit all seinen Satellitenbildern so sehr interessiert, liegen genau im Bereich dieser Linie. Sie weist von der Küste Vietnams über die Küstenlinie Malaysias und der Philippinen Richtung Norden, wo sie endet und vieles offenlässt. Taiwan, das China als abtrünnige Provinz betrachtet, wäre ungefähr auf der Position der Dame, die China an den Gegner verloren hat und die es zurückzugewinnen gilt. Im Ostchinesischen Meer gibt es auch Streit um jene Inseln, die die Japaner Senkaku nennen und die Chinesen Diaoyu. Der Streit wirkt merkwürdig übertrieben, wenn man die Inseln sieht: Felsbrocken im Meer, überzogen vom Kot der Möwen, die dort nisten. Dennoch: Diese Felsbrocken haben eine wichtige strategische Position, die es hier zu halten gilt: die der Bauern vor Dame und König.

Ungefähr auf der Position des rechten chinesischen Läufers auf dem Schachbrett der Großmächte liegt Hainan, die chinesische Tropeninsel. Dort sind wichtige Marineverbände stationiert, chinesische Atom-U-Boote etwa und auch die sogenannten Fischermilizen, die ein wichtiger Teil von Chinas Strategie sind.

In der schwülen Mittagshitze eines Sommertags 2016 liegen Fischer in ihren Hängematten auf den Booten im Hafen von Tanmen. Nebenan poltert Eis in den Bauch eines Boots. Das Eis wird gebraucht, damit die Fische, die sie draußen im Südchinesischen Meer fangen, frisch bleiben. Was sie sonst dabeihaben, wenn sie rausfahren, ihre Waffen, die zeigen sie nicht offen. Viele von ihnen gehören zur Fischermiliz, sie sind Chinas Speerspitze im Kampf um die Vorherrschaft im Südchinesischen Meer und preschen da voran, wo Chinas Marine sich noch zurückhält.

Die meisten wollen an diesem Mittag nicht mit mir sprechen. Sie tun geschäftig mit ein bisschen Fisch, der gerade ausgeladen werden muss, oder mit der Gemüsereisschale, die sie eigentlich schon fast geleert haben. Nur Herr Luo dreht mir nicht gleich den Rücken zu. Nachdem er das restliche Eis ins Schiff geschaufelt hat, wischt er sich den Schweiß ab. »Das Südchinesische Meer gehört China. Da haben schon unsere Vorfahren gefischt«, sagt er. »Wir tun alles, was die Regierung von uns möchte, um es zu verteidigen.«

Pekings Argument lautet so: Weil Hainans Fischer seit langem das Südchinesische Meer befahren, beansprucht China rund neunzig Prozent des Seegebiets. China gibt den

Fischern Militärtraining, Waffen und Geld für größere Boote. Damit sind die Milizen noch schlagkräftiger.

Se Sunbin, drahtig, Mitte zwanzig, schwarzes T-Shirt, kommt dazu, stellt den Handkarren mit den Netzen ab. Er hört Luo zu und nickt. Denkt er genauso? »Sicher, wir müssen uns das Meer mit unserem Leben und unseren Waffen erkämpfen. Sonst werden andere Länder unsere Ansprüche niemals anerkennen. Ich glaube, wir können die Frage nur mit Waffen entscheiden.«

Ein Schiff fährt aus dem Hafen, und am Ufer brennt die Familie ein Feuerwerk ab. Es knallt und kracht in der stechenden Mittagshitze. Das soll den Fischern Glück beim Fang bringen und für eine sichere Heimkehr sorgen. Aber das Feuerwerk macht die Ausfahrt zu einem reichlich martialischen Abgang. Es ist wie ein bedrohlicher Vorgeschmack auf das, was draußen auf dem Meer passieren kann. »Wenn die Philippinen die Xisha- und Nansha-Inseln besetzen«, sagt Se Sunbin, »dann geben sie die doch gleich an das US-Militär. Und dann haben wir chinesischen Fischer ein großes Problem.« Die Xisha-Inseln vor Hainan heißen bei anderen Paracel-Inseln. Die Nansha-Inseln werden auch Spratly-Inseln genannt und ebenso von Vietnam und den Philippinen beansprucht. Die unterschiedlichen Namen zeigen schon den Konflikt zwischen den Ländern. Sie sind wie Flaggen, die jedes Land in den Inselsand steckt, um seine Ansprüche zu verdeutlichen. Die Auseinandersetzung von Fischern, die um ihren Lebensunterhalt fürchten, wird hier von den Großmächten für die Vorherrschaft in der Region instrumentalisiert. Sie sind wie die Bauern im Schach, die vorgeschickt werden, um die Kampfeslinie abzustecken.

Chinas Küstenwache ist nicht zimperlich bei diesem Spiel.

Sie drängt Fischerboote von Nachbarstaaten ab oder rammt sie. Der Machtkampf zwischen China und den USA ist ein Streit um Inselstützpunkte, Fischereirechte und Bodenschätze. 2013 haben die Philippinen beim Schiedsgerichtshof in Den Haag geklagt: Pekings Landnahme verletze internationales Recht. Das Gericht sah das genauso. Chinas Ansprüche seien ohne Grundlage, so das Urteil, sein Vorgehen rechtswidrig. Es war eine historische Entscheidung, dass Den Haag die gewaltigen Gebietsansprüche Chinas zurückwies. Entsprechend sauer reagierte Peking. Man habe das Verfahren von Anfang an nicht anerkannt und werde die Entscheidung auch nicht akzeptieren, ließ das Außenministerium über einen seiner Sprecher ausrichten.

Das Urteil ist zwar bindend, aber es gibt keine Handhabe, es gegen China durchzusetzen, das nun erst recht seine Militärpräsenz ausbauen könnte. Die Philippinen selbst haben nach der Wahl von Rodrigo Duterte zum Präsidenten eine Kehrtwende vollzogen. Duterte hat direkten Gesprächen mit China über die Inseln zugestimmt. Dabei geholfen haben möglicherweise auch Investitions- und Handelsabkommen über vierundzwanzig Milliarden Dollar. Viele Projekte sind wie immer noch nicht viel mehr als Absichtserklärungen. Aber dass ausgerechnet die Philippinen, der langjährige Verbündete der USA in der Region, ihre Opposition zu Chinas Landnahme im Südchinesischen Meer im Grunde aufgeben, macht deutlich, dass sich hier neue Allianzen bilden. Hier kommt die Schachanalogie an ihre Grenzen, denn im Schach kann man den Gegner schlagen und blockieren, oder man kann sich schützen. Aber man kann die Spieler der Gegner nicht auf die eigene Seite holen und für sich selbst ins Feld ziehen lassen.

Überhaupt ist China auf den Geschmack gekommen, wirtschaftliche Stärke strategisch einzusetzen. Diese Politik hat sogar einen eigenen Namen: die neue Seidenstraße. Das klingt wie eine Wiederauflage der alten Handelsroute. Es ist aber eher ein Instrument Chinas, seinen Einfluss insbesondere in Zentralasien und darüber hinaus zu erweitern. Neunhundert Milliarden Euro hat Staatspräsident Xi Jinping auf einer großen Konferenz in Peking 2017 den versammelten Regierungsvertretern aus aller Welt versprochen. Für viele klang das nach einer Idee, die fast zu schön war, um wahr zu sein. Die neue Seidenstraße schließt nahezu alles ein: chinesische Häfen auf Sri Lanka und am Horn von Afrika in Djibouti, eine Güterzugverbindung bis nach Duisburg, massive Infrastrukturprojekte in Zentralasien.

Wie sehr China sich als die tonangebende asiatische Macht sieht, hat auch Südkorea gerade erst erlebt. Auf dem imaginären Schachbrett bezieht es ungefähr die Position des gegnerischen Turms. Dort haben die USA das Raketenabwehrsystem THAAD installiert, das eigentlich Schutz vor nordkoreanischen Raketen bieten soll. Das Abwehrsystem wurde im Süden des Landes errichtet. China war strikt dagegen, weil es der Ansicht war, dass dieses Raketenabwehrsystem nicht nur Südkorea vor nordkoreanischen Raketen schütze, sondern eben auch einen Einfluss darauf habe, inwieweit China seine atomare Abschreckung realisieren kann.

China hat deswegen wirtschaftliche Strafmaßnahmen gegen Südkorea losgetreten, insbesondere gegen den Lotte-Konzern, der große Supermärkte und Hotels betreibt und auch in China sehr viel investiert hat. Lotte hatte dem THAAD-System einen Golfplatz in Südkorea zur Stationierung der Raketen zur Verfügung gestellt. Plötzlich fiel den Chinesen auf, dass die

Lotte-Niederlassungen in China angeblich nicht alle Brandschutzregeln beachten. Viele Lotte-Geschäfte mussten schließen. Gruppenreisen chinesischer Touristen nach Südkorea, die dort für erhebliche Deviseneinnahmen sorgen, wurden abgesagt. Und es gab eine antisüdkoreanische Propaganda in China. Auf chinesischen Videoportalen wurden beispielsweise Beiträge weitergereicht, in denen chinesische Reporter in Südkorea Passanten fragten, welches Land sie cooler finden würden: China oder die USA. Dass die meisten der befragten Passanten die USA cooler fanden, erzürnte selbst junge liberale Chinesen und provozierte eine Welle des Chinanationalismus gegen Südkorea. Das alles kam wie zufällig genau zu dem Zeitpunkt, als Peking mit Seouls Verteidigungsplänen über Kreuz lag.

Kurz vor dem Besuch von US-Präsident Trump in Peking gab es dann eine Einigung mit den Südkoreanern. Die versprachen, keine zusätzlichen THAAD-Batterien zu installieren, und die Chinesen waren vorerst damit einverstanden, die bereits installierten in Südkorea zu belassen. Es ist ein gutes Beispiel für Chinas Powerplay in der Region, um den Einfluss der Amerikaner im asiatischen Pazifik einzuschränken.

Sehr aufschlussreich für die chinesische Strategie ist auch, wie China sein Militär an der Grenze zu Nordkorea zusammenzieht. Dabei ist die Gegend eigentlich nur sehr dünn besiedelt. Es sind weite Landstriche mit Nadelwäldern, Bergen, weiter im Osten dann Kohleminen. Es gibt hier keine Metropolen wie Peking, Shanghai oder Guangzhou. Umso erstaunlicher ist es, was es hier inzwischen an Infrastrukturmaßnahmen zu entdecken gibt. Dort, wo sich früher eine Landstraße über Bergpässe mühte, gibt es jetzt Tunnel und vierspurige Straßen. In Changbai, dem Grenzort an der nordkoreanischen

Grenze, hat man den Eindruck, die Hälfte der Straßen werde gerade umgebaut. Auch neuerrichtete Kasernen sieht man allerorts. 150 000 Soldaten sollen hier in der letzten Zeit zusätzlich stationiert worden sein. Auf den Karten des amerikanischen Verteidigungsministeriums sind allein drei große Truppenstandorte entlang der Grenze zu Nordkorea zu erkennen. Daneben gibt es in der Gegend drei Stützpunkte für Kampfjets, das regionale Hauptquartier der Luftwaffe sowie einen Stützpunkt für Spezialkräfte. Chinas Marine wiederum hat einen wichtigen Stützpunkt in Qingdao, also gegenüber von Koreas Küste, und hat gerade erst große Manöver in der Bucht von Bohei und vor der Küste Nordkoreas durchführen lassen. Das alles zeigt, dass China darauf vorbereitet sein will, wenn das Regime in Pjöngjang kollabiert. Aber auch die USA und Südkorea haben Pläne dafür entwickelt, dass in einem solchen Fall Nordkoreas Massenvernichtungswaffen – die chemischen, die biologischen wie die atomaren – nicht in falsche Hände kommen.

Das strategische Dilemma, in dem China sich mit Nordkorea befindet, ist, dass es natürlich keine Atommacht Pjöngjang will und dass es auch von den USA unter Druck gesetzt wird, etwas gegen Pjöngjang zu unternehmen. Peking bewegt sich auch, schon allein deshalb, weil es keinen Handelsstreit mit den USA will. Aber noch mehr als Nordkoreas Atomwaffen fürchtet China einen Zusammenbruch Nordkoreas. Denn das würde bedeuten, dass Hunderttausende oder Millionen Flüchtlinge aus Nordkorea in den Nordosten Chinas strömten und die Region dadurch instabil würde.

Vor allem aber könnte ein ähnliches Szenario eintreten wie im Koreakrieg. Ein Szenario, das die Welt an den Rand eines dritten Weltkriegs geführt hat: Die Tatsache, dass US-

General MacArthur damals mit seinen Truppen über den achtunddreißigsten Breitengrad hinwegging in Richtung des Yalu-Flusses an der chinesisch-nordkoreanischen Grenze, war für Peking der Ausschlag dafür, sein Millionenheer an Kämpfern loszuschicken. Im Grunde hat sich an der Sichtweise Pekings bis heute nichts geändert. Ein Vorrücken von amerikanischen und südkoreanischen Truppen über diesen Breitengrad hinweg nach Nordkorea würde China als Bedrohung auffassen. Es würde all die Truppenverbände, die entlang der Grenze stationiert sind, in Richtung Nordkorea schicken. Und es könnte zum offenen Krieg zwischen den USA und China kommen.

Dass die Amerikaner einen solchen Konflikt vermeiden wollen, haben sie immer wieder signalisiert. Amerikanische Generäle in Asien haben wiederholt versucht, mit China über ein Szenario zu sprechen, das den Zusammenbruch Nordkoreas betrifft. Was soll dann passieren, wer geht wohin? Und wie schließt man Missverständnisse, die zum Krieg führen könnten, zwischen den beiden Großmächten aus? Es sind Notfallpläne, wie sich beide Armeen verhalten und sich miteinander abstimmen sollten, falls das nordkoreanische Regime kollabiert. Doch die Chinesen, die sonst stets ihre Dialogbereitschaft in militärischen Dingen betonen, waren genau dazu bislang nicht bereit. Sie wollen den Amerikanern keine Sicherheit geben, allzu aggressiv gegen Nordkorea vorzugehen.

China und die USA haben fundamental unterschiedliche Interessen, was Nordkorea angeht. Während die Amerikaner in ihren Plänen immer auch einen Sturz des Regimes mit einbeziehen, gilt für Peking das alte Prinzip, dass Nordkorea Chinas Lippen repräsentiert, seine strategische Pufferzone. Peking wird es kaum zulassen, dass die USA ihre Einflusszone bis zur Grenze, also bis zum Yalu-Fluss ausdehnen. China geht es auf der koreanischen Halbinsel daher vor allem um eine Deeskalation. Eine Veränderung des Status quo oder gar ein Regimewechsel in Pjöngjang liegt zumindest im Moment nicht im chinesischen Interesse, weil dies nur zu Chinas Nachteil gereichen würde. Der linke Turm auf dem großen Schachbrett ist viel zu wertvoll, um ihn aufzugeben.

Auch Chinas Vorschlag zur Entspannung der Nordkoreakrise geht genau in diese Richtung. Nordkorea soll auf weitere Tests für sein Atom- und Raketenprogramm verzichten. Umgekehrt sollen die USA und Südkorea ihre gemeinsamen Manöver aussetzen, die Nordkorea als Vorbereitung auf einen Angriff betrachtet. Der Vorschlag hat einiges für sich, weil er militärische Drohgebärden auf beiden Seiten vermindern und den Weg zu Verhandlungen öffnen könnte. Peking käme er aber noch aus einem anderen Grund zupass: Ein Stopp der Manöver könnte auch dazu führen, dass die militärische Aufrüstung durch die USA und Südkorea ausgesetzt würde.

Wenn man den Großraum um Nordkorea also als Schauplatz für den im Hintergrund schwelenden Machtkampf zwischen China und den USA betrachtet, wird klarer, welche Strategien die Großmächte beim Konflikt mit Nordkorea eigentlich verfolgen. Allerdings hat sich zu diesen beiden Playern in der jüngsten Zeit noch, oder wieder, ein dritter hinzugesellt: Russland teilt eine ungefähr siebzehn Kilometer lange Grenze mit Nordkorea. Wladimir Putin hat sich sozusagen im Windschatten von China gegenüber Nordkorea positioniert. In dem Moment, als die meisten Länder ihre Handelsbeziehungen mit Nordkorea eingeschränkt und auch die Chinesen angefangen haben, die UN-Sanktionen strenger zu handhaben, den Handel sowie den Grenzverkehr nach Nordkorea konsequenter zu kontrollieren, haben die Russen angefangen, verschiedene Projekte für eine neue Eisenbahnlinie voranzubringen, und die Visa-Bedingungen für Nordkorea erleichtert. Schimmert da wieder die alte Konkurrenz zwischen Peking und Moskau in der Frage durch, wer den größeren Einfluss auf Nordkorea hat? Sind China und Russland nach wie vor Rivalen in ihrem Antagonismus gegen die USA und in ihrem Einfluss in der gesamten ostasiatischen Region?

Putin ist jedenfalls der Staatschef, der am meisten von allen gegen strengere Sanktionen ist und die Drohungen von Donald Trump am stärksten verurteilt hat. Natürlich hat auch Moskau seine Interessen in Nordkorea. Auch Putin will keinen Kollaps des nordkoreanischen Regimes, weil auch er glaubt, dass damit nur der Einfluss der USA auf der koreanischen Halbinsel und an der Grenze zu Russland wachsen würde. Zwar hat auch Putin den Sanktionen zugestimmt, aber deren Umsetzung nimmt er nicht so genau.

In dem Maße, in dem China die Daumenschrauben gegenüber Pjöngjang anzieht und bei der Umsetzung von Sanktionen strenger wird, in dem Maße kommt Russland den Nordkoreanern wieder mehr entgegen. Es ist also im Grunde so, wie es immer war: Die koreanische Halbinsel ist Teil eines Spiels der Großmächte um Einfluss und Macht. Das zutiefst Beunruhigende an diesem Spiel ist, dass Nordkorea, aber auch China, Russland und die USA ihr Spiel ganz auf ihre eigenen Interessen ausrichten und dabei bereit sind, enorme Risiken einzugehen. Keiner setzt hier auf Sicherheit. So verspielen Nordkorea und die Großmächte unsere Sicherheit. Und so droht hier etwas, was es in der Geschichte der Menschheit noch nicht gegeben hat: ein nuklearer Schlagabtausch, ein Atomkrieg.

Die Sirenen, die an jenem Samstagvormittag durch Peking gehallt sind, muten an wie eine lautstarke Warnung genau davor. Es ist höchste Zeit, dass sich Nordkorea und die Großmächte zusammen mit Japan und Südkorea an einen Tisch setzen und einen Weg aus dieser Krise suchen. In der langen Geschichte der Verhandlungen mit Nordkorea gibt es neben all den Enttäuschungen und all dem Scheitern genügend Material dafür, wie es diesmal vielleicht klappen könnte.

WAS DROHT, WAS MÜSSTE PASSIEREN?

DEUTSCHLAND UND DIE SUCHE NACH EINEM EHRLICHEN MAKLER – EIN NACHWORT

Gut hundert Meter tief in Pjöngjangs Untergrund wartet an einem Herbstmorgen 2015 eine Überraschung auf mich. Meine nordkoreanischen Aufpasser und ich sind auf endlosen Rolltreppen zur U-Bahn-Station Puhung hinabgefahren. Aber was heißt hier U-Bahn-Station? Sie ähnelt mehr einer unterirdischen Kathedrale mit riesigen Propagandabildern. Auf einem schreitet Staatsgründer Kim Il-sung mit Arbeitern vor Strommasten und Fabrikschloten in einen strahlenden Morgen. *Puhung* heißt »Wiederauferstehung«, und gemeint ist natürlich Nordkoreas Wiederauferstehung nach den Verheerungen des Koreakriegs. Dass der lächelnde Kim Il-sung das Land zuvor in diese Katastrophe geführt hat, davon erfährt man hier nichts. Man sieht der Station auch erst einmal nicht an, dass sie bei einem neuen Krieg als Atomschutzbunker dienen könnte. Die Stahltore an den Zugängen erkennt man eben nicht gleich.

Die eigentliche Überraschung aber fährt kurz darauf in den Bahnhof ein. Der Zug ist rot und pistazienfarben lackiert und kommt mir merkwürdig vertraut vor. Wie kann das sein?

Als ich einsteige und die braune Resopalverkleidung, die Haltegriffe und die violettschwarz gescheckten Sitzpolster sehe, überkommt mich ein Verdacht. Ich setze mich hin, entdecke Kratzer im Fenster, die ich wiedererkenne. Mir wird klar, woher: Natürlich bin ich mit diesen Zügen schon gefahren, sogar schon oft – auf der Berliner U-Bahn-Linie U2, die West- und Ostberlin verbindet.

Die Züge stammen tatsächlich aus Berlin, wo man ihnen den hübschen Typennamen »Dora« gegeben hat. Ende der Neunzigerjahre wurden gut hundert Dora-Doppeltriebwagen nach Pjöngjang verkauft, außerdem noch sechzig kleinere Gisela-Züge. Es war eine Zeit in Nordkorea und in der Welt, die ganz anders war als heute. Der damalige Außenminister Joschka Fischer entschied, diplomatische Beziehungen mit Nordkorea aufzunehmen, und hoffte damit, die Annäherung zwischen Nord- und Südkorea zu unterstützen. Deutschland ist seither eines der wenigen Länder mit einer Botschaft in Pjöngjang. Ein paar Jahre zuvor, im Herbst 1994, hatten die USA und Nordkorea das Genfer Rahmenabkommen unterzeichnet, und die Zeichen standen auf Annäherung und Abrüstung. Das Abkommen sah im Wesentlichen vor, dass Nordkorea seine Versuche, waffenfähiges Plutonium herzustellen, aufgab. Im Gegenzug sollte es von den USA Hilfe bei der Energieversorgung des Landes bekommen. Es ging außerdem um gegenseitige Sicherheitsgarantien, um diplomatische Verbindungsbüros in Washington und Pjöngjang, ja sogar um den Abbau von Sanktionen. Das Abkommen scheiterte, weil Nordkorea doch heimlich weiter an seinem Atomprogramm arbeitete und die USA sich umgekehrt nicht an ihre Versprechungen hielten.

Die Berliner Dora-Züge, die in Pjöngjangs U-Bahn- und

Atombunkerstation einfuhren, erinnerten mich an all die Chancen, die bei einer Befriedung des Nordkoreakonflikts schon vergeben wurden. Wie nahe waren sich der Westen und Nordkorea eigentlich schon gekommen, und wie gefährlich weit stehen sie heute auseinander. Man kann das Genfer Rahmenabkommen und all die anderen Versuche einer diplomatischen Lösung kritisieren und verwerfen, wie Donald Trump das getan hat. Aber die Kosten für eine militärische Lösung wären in Wahrheit katastrophal hoch, viel höher noch als jene für die Invasion in Afghanistan oder im Irak.

Es ist gut möglich, dass Nordkorea schon bald versuchen wird, der Welt zu beweisen, dass es nun eine Atommacht ist. Nordkoreas Außenminister Ri Yong-ho erklärte bereits im Herbst 2017, sein Land plane »die stärkste Detonation« einer Wasserstoffbombe über dem Pazifischen Ozean. Bei einem solchen atmosphärischen Atomtest könnte das Szenario so aussehen: Von Nordkorea wird eine Rakete mit einem nuklearen Sprengkopf in Richtung Pazifik abgeschossen, sie verlässt die Erdatmosphäre, kehrt dann wieder dorthin zurück, der Sprengsatz explodiert über einem abgelegenen Teil des Meeres. Würde das alles so funktionieren, hätte Kim Jong-un bewiesen, wonach er seit Jahren strebt: Nordkorea wäre tatsächlich in der Lage, Raketen mit atomaren Sprengköpfen zu bauen, die den enormen Kräften beim Wiedereintritt in die Erdatmosphäre widerstehen und die hinreichend zielgenau sind. Nordkorea wäre dann eine nukleare Macht, die in der Lage ist, jedes Land dieser Erde mit seinen Waffen zu bedrohen.

Die Risiken eines solchen Tests sind enorm. Nordkoreas Rakete mit einem echten nuklearen Sprengsatz könnte schon beim Start explodieren, wie das in der Vergangenheit immer wieder vorkam. Dabei könnten weite Teile Nordkoreas, aber auch Chinas radioaktiv verseucht werden. Möglich ist auch, dass der Sprengsatz schon beim Wiedereintritt in die Erdatmosphäre detoniert und sich eine radioaktive Wolke über einen weiten Raum ausbreitet. Insbesondere Südkorea, Japan sowie die pazifischen Inselgruppen wären bei so einem Test gefährdet.

Die politischen Risiken aber wären noch viel höher. So ein Test ist ein Tabubruch. Seit fast vierzig Jahren hat es keine atmosphärischen Atomtests mehr gegeben. Der letzte hat im Herbst 1980 durch China in der Taklamakan-Wüste stattgefunden. Bereits Anfang Dezember 2017 warnte der Nationale Sicherheitsberater von US-Präsident Donald Trump, H. R. McMaster, vor der »jeden Tag wachsenden« Gefahr eines Kriegs mit Nordkorea: »Wir sind in einem Wettlauf gegen die Zeit, um das Problem zu lösen«, so McMaster. »Es gibt Wege jenseits eines bewaffneten Konflikts, aber es ist ein Rennen, weil er näher und näher rückt, und es bleibt nicht mehr viel Zeit.«

Man sollte Machthaber, die vom Krieg reden, sehr ernst nehmen. Denn meistens meinen sie, was sie sagen. Was uns derzeit auf den schlimmsten möglichen Fall zusteuern lässt, sind unrealistische Ziele, gegenseitige Drohungen und das Fehlen jeder Art von Diplomatie, die wenigstens ein bisschen Verständnis und Vertrauen auf beiden Seiten aufbauen könnte. Nordkorea wird seine Atomwaffen nicht aufgeben, wie das Donald Trump fordert.

Auch wenn das niemandem gefällt, es führt vermutlich kein Weg daran vorbei, Nordkorea – mit oder ohne einen atmosphärischen Nukleartest – als Atommacht zu akzeptieren. Dann muss man Wege finden, damit umzugehen, dass ein skrupelloser Diktator solche Waffen in Händen hält. Abschreckung wie zu Zeiten des Kalten Kriegs wäre ein Weg. Das Wissen, dass die Zerstörung des Feindes mit Atomwaffen zwangsläufig die eigene Vernichtung mit sich bringen würde. Dieses Gleichgewicht des Schreckens zwischen den USA und der Sowjetunion mag kein besonders verlockendes Vorbild sein. Aber ein desaströser Krieg mit Millionen Opfern wäre es noch viel weniger.

Abschreckung könnte den Weg für Verhandlungen öffnen. Die Beteiligten der 2009 gescheiterten Sechs-Parteien-Gesprächen müssten sich wieder zusammensetzen. Chinas Vorschlag eines sogenannten »freeze for freeze«, also eines gleichzeitigen Stopps von Nordkoreas Atom- und Raketentests und der Militärmanöver der USA und Südkoreas könnte dabei ein erster Schritt sein. Vieles spricht dafür, dass Deutschland bei Verhandlungen zwischen den wichtigsten Mächten in diesem Konflikt, zwischen Nord- und Südkorea, den USA, China, Russland und Japan eine Vermittlerrolle übernehmen könnte. Vom neuen Kalten Krieg um Nordkorea ist längst auch Europa betroffen und bedroht. Deutschland hat die Geschichte der Teilung, der nuklearen Abschreckung im Kalten Krieg selbst erfahren, es gibt Gesprächskanäle nach Pjöngjang, die viele andere nicht haben. Und es wäre nicht das erste Mal, dass die deutsche Botschaft in Pjöngjang zum Ort für Verhandlungen wird. Es wäre jedenfalls eine Möglichkeit, zu verhindern, dass der neue Kalte Krieg in einer nuklearen Katastrophe endet.

Solche Verhandlungen würden bedeuten, dass Kim Jong-uns Poker am Ende zumindest teilweise erfolgreich war. Sein System der Unterdrückung, der politischen Gulags, der Verfolgung Andersdenkender wird vermutlich erst einmal Bestand haben. Er würde die Lockerung von Sanktionen durchsetzen, möglicherweise sogar Hilfen für die Wirtschaft Nordkoreas. Im Gegenzug aber müsste Kim selbst liefern. Die Welt könnte die Aufhebung der Sanktionen mit humanitären Forderungen wie der Auflösung der Gulags verbinden. Sie könnte Nordkorea dazu verpflichten, seine tödlichen Waffensysteme nicht an andere Schurkenstaaten oder Terrorgruppen zu verkaufen. Schließlich müsste sich Nordkorea auf Sicherheitsgarantien gegenüber Südkorea und Japan sowie auf eine Reduzierung und Beschränkung seiner Atomwaffen einlassen. Das könnte einen Rüstungswettlauf in der Region verhindern.

Es gibt keine Garantie dafür, dass solche Verhandlungen nicht doch ähnlich ausgehen wie frühere. Dass Nordkorea von Versprechungen abrückt, heimlich weiter an seinem Waffenprogramm baut. Deshalb wäre ein internationales Überwachungssystem für alle Seiten zwingend nötig. Doch von allen Optionen in der Nordkoreakrise sind Verhandlungen immer noch die beste.

Voraussetzung für deren Erfolg allerdings sind zwei Dinge, die im Moment noch sehr weit entfernt scheinen: Erstens, ein Mindestmaß an Vertrauen zwischen Nordkorea und den anderen Beteiligten. Zweitens, eine Klärung im Großmachtringen zwischen China und den USA in Asien. Beide Großmächte versuchen derzeit bei Nordkorea zusammenzuarbeiten, während sie gleichzeitig als große Rivalen um die Vorherrschaft in der Region kämpfen. Das kann nicht gutgehen. Die USA werden nicht umhinkommen, China als zweite Supermacht anzuerkennen und ihr Einflusssphären zum Beispiel im Südchinesischen Meer einzuräumen. Wenn das passiert, könnten sie gemeinsam Nordkorea in Schach halten.

Das wäre eine Zeitenwende, aber Diplomatie bedeutet auch, Realitäten anzuerkennen und dafür zu sorgen, dass sie friedlich gestaltet werden. Nach allem, was wir über Nordkoreas Waffenarsenal wissen, gibt es keine Möglichkeit eines begrenzten Militärschlags. Es gibt keinen Krieg light. Es gibt nur die Gefahr eines Atomkriegs, von dem die ganze Welt betroffen wäre. Deshalb ist es nun höchste Zeit für Verhandlungen.

LITERATURVERZEICHNIS

Abe, Shinzo, »Solidarity Against the North Korean Threat«, in: *New York Times*, 17. September 2017.

Albright, David, »North Korea's Nuclear Capabilities, A Fresh Look«, Institute for Science and International Security Report, 28. April 2017.

Ders., »Shenyang Machine Tools Company«, Institute for Science and International Security Report, 13. April 2017.

Bandi, *Denunziation, Erzählungen aus Nordkorea*, München 2017

Bennet, Bruce W., »Preparing North Korean Elites for Unification«, RAND Corporation 2017.

Bermudez Jr., Joseph S., »North Korea's Development of a Nuclear Weapons Strategy«, in: *US-Korea Institute at SAIS* 2015 (www.uskoreainstitute.org).

Ders., »A History of Ballistic Missile Development in the DPRK«, *James Martin Center of Nonproliferation Studies, Occasional Papers No. 2*, November 1999.

Cha, Victor, »Countering the North Korean Threat: New Steps in U. S. Policy, Statement before the House Foreign Affairs Committee«, Center for Strategic & International Studies, 7. Februar 2017.

Ders., *The Impossible State, North Korea, Past and Future*, New York 2013.

Chapman, Bert, »2017 Defense Department Report on Chinese Military Power«, in: CPI Analysis, 22. Juni 2017.

CNS North Korea Missile Test Database, http://www.nti.org/analysis/articles/cns-north-korea-missile-test-database/(abgerufen 14. Dezember 2017).

Cohen, Roberta, »A New UN Approach to Human Rights in North Korea, The 2017 Special Rapporteur's Report«, in: *38North*, 7. Dezember 2017.

CSIS Missile Defense Project, Missile Threat, »Missiles of North Korea«, https://missilethreat.csis.org/country/dprk/(abgerufen 2. Oktober 2017).

Davenport, Kelsey, »Chronology of U. S.-North Korean Nuclear and Missile Diplomacy«, https://www.armscontrol.org/factsheets/dprkchron (abgerufen 10. November 2017).

Demmick, Barbara, *Nothing to Envy, Ordinary Lives in North Korea*, New York 2010.

Department of Defense, »Annual Report to Congress, Military and Security Developments Involving the People's Republic of China 2017«, https://www.defense.gov/Portals/1/Documents/pubs/2017_China_Military_Power_Report.PDF (abgerufen 5. November 2017).

Department of Justice, »Four Chinese Nationals and China-Based Company Charged with Using Front Companies to Evade U. S. Sanctions Targeting North Korea's Nuclear Weapons and Ballistic Missile Programs«, 26. September 2016, https://www.justice.gov/opa/pr/four-chinese-nationals-and-china-based-company-charged-using-front-companies-evade-us (abgerufen 4. Oktober 2017).

Fischer, Hannah, »North Korean Provocative Actions, 1950–2007«, *CRS Report for Congress*, 20. April 2007.

Food And Agriculture Organisation of the United Nations (FAO), »De-

mocratic People's Republic of Korea«, http://www.fao.org/countryprofiles/index/en/?iso3=PRK (abgerufen 4. Oktober 2017).
Frank, Rüdiger, *Nordkorea, Innenansichten eines totalen Staates*, München 2017.
Ders., »The 7th Party Congress in North Korea, A Return to New Normal«, in: *38North*, 20. Mai 2016.
Gomi, Yoji, *My Father Kom Jing-il and I*, Tokio 2017.
Harnisch, Sebastian, »The Military Alliance between North Korea and China«, auf: http://www.uni-heidelberg.de/md/politik/harnisch/person/publikationen/harnisch_sino_dprk_military_alliance_2017.pdf (abgerufen am 14. Dezember 2017).
Ha Tae-keung und Choi Byeong-seon (Illustr.), *The Great Successor*, Seoul 2012.
Hoare, James E., *Historical Dictionary of the Democratic People's Republic of Korea*, Lanham 2012.
International Institute for Strategic Studies, *The Military Balance 2017*, London 2017.
Kim Chong-woo und Puri, Samir, »Beyond the 2017 North Korea Crisis, Deterrence and Containment«, *Asan Institute for Policy Studies Issue Brief*, 22. November 2017.
Kretchum, Nat, Lee, Catherine und Tuohy, Seamus, »Compromising Connectivity, Information Dynamics between the State and Society in a Digitizing North Korea«, *InterMedia* 2017.
Lankov, Andrei, *North of the DMZ, Essays on Daily Life in North Korea*, Jefferson 2007.
Ders., *The Real North Korea, Life and Politics in the Failed Stalinist Utopia*, Oxford 2014.
Lewis, Jeffrey, »North Korea's Nuclear Weapons, The Great Miniaturization Debate«, in: *38North*, 5. Februar 2015.
Lim, Andy und Cha, Victor, »New Dataset, China-DPRK High Level Visits Since 1953«, *Beyond Parallel, CSIS*, 17. März 2017.

Lukin, Artyom und Zakharova, Liudmila, »Russia-North Korea Economic Ties, Is there more than Meets the Eye?«, in: *Foreign Policy Research Institute*, Pennsylvania 2017.

Mansourov, Alexandre Y., »Kim Jong-un's Nuclear Doctrine and Strategy, What Everyone Needs to Know«, in: *NAPSNet Special Reports*, 16. Dezember 2014.

Martin, Bradley K., *Under the Loving Care of the Fatherly Leader: North Korea and the Kim Dynasty*, New York 2006.

Mrosek, David M., *China and North Korea, A Peculiar Relationship*, US Department of Defense 2017.

Merrill, John, »Inside the White House, The Future of US-DPRK Policy«, in: *Korea Observer*, 47/4, Winter 2016, S 881–902.

Ministry of National Defense, Republic of Korea, »2016 Defense White Paper«, http://www.mnd.go.kr/user/mndEN/upload/pblictn/PBLICTNEBOOK_201705180357180050.pdf (abgerufen 2. November 2017).

Ministry of National Defense, The People's Republic of China, »China's Military Strategy«, http://eng.mod.gov.cn/Press/2015-05/26/content_4586805.htm (abgerufen 28. November 2017).

Nanto, Dick K., »North Korea, Chronology of Provocations, 1950–2003«, *Report for Congress*, 18. März 2003.

Oberhofer, Don und Carlin, Robert, *The Two Koreas: A Contemporary History*, New York 2013.

Office of the Secretary of Defense, »Military and Security Developments Involving the Democratic People's Republic of Korea, Report to Congress«, Washington DC 2015.

Office of the Secretary of Defense, »DMDC Location Report« [US-Truppen im Ausland], www.dmdc.osd.mil (abgerufen am 14. Dezember 2017).

Reed, Thomas C. und Stillman, Danny B., *The Nuclear Express, A Political History of the Bomb and Its Proliferation*, Minneapolis 2010.

Recorded Future Insikt Group, »Report, North Korea Cyber Activity«, https://go.recordedfuture.com/hubfs/reports/north-korea-activity.pdf (abgerufen 18. Oktober 2017).
Shen, Zihua und Xia, Yafeng, »China and the Post-War Reconstruction of North Korea, 1953–1961«, in: *North Korea International Documentation Project, Woodrow Wilson International Center for Scholars*, Working Paper Nr. 4, Mai 2012.
Silberstein, Benjamin Katzeff, »Growth and Geography of Markets in North Korea, New Evidence from Satellite Imagery«, in: *US-Korea Institute at SAIS*, Oktober 2015.
Smith, Shane, »North Korea's Evolving Nuclear Strategy«, in: *US-Korea Institute at SAIS* August 2015 (www.uskoreainstitute.org).
Statistisches Bundesamt, »Handelsstruktur Deutschland – Dem. VR Korea«, https://www.destatis.de/DE/ZahlenFakten/GesamtwirtschaftUmwelt/Aussenhandel/Aussenhandel.html (abgerufen 2. Oktober 2017).
The Department of the Treasury, »North Korea Sanctions Program«, in: Office of Foreign Assets Control, 3 Juni 2015.
The National Committee on North Korea (www.ncnk.org), Datenbank mit Reden von Kim Jong-un sowie Dokumenten zu Nordkorea.
The Observatory of Economic Complexity, »North Korea«, https://atlas.media.mit.edu/en/profile/country/prk/(abgerufen am 4. Oktober 2017).
The White House, »Remarks by President Trump to the National Assembly of the Republic of Korea«, Office of the Press Secretary, 7. November 2017.
Tudor, Daniel, *Korea, The Impossible Country*, New York 2012.
Tudor, Daniel und Pearson, James, *North Korea Confidential, Private Markets, Fashion Trends, Prison Camps, Dissenters and Defectors*, Clarendon 2015.

United Nations, General Assembly, *Report of the Special Rapporteur on the situation of human rights in the DPRK*, A/72/394, 19. September 2017.

United Nations, Human Rights Council, *Report of the UN Commission of Inquiry on human rights in the DPRK*, A/HRC/25/CRP. 1, February 7, 2014.

United Nations, Security Council, »DPRK Sanctions«, https://www.un.org/sc/suborg/en/sanctions/1718/resolutions (abgerufen 10. September 2017).

United Nations, Security Council, »Report of the Panel of Expert established pursuant 1874 (2009)«, S72017/150, 27. Februar 2017.

United Nations Security Council, »Midterm Report of the Panel of Experts established pursuant to resolution 1874 (2009)«, S72017/742, 5. September 2017.

Wertz, Daniel, »Track II Diplomacy with Iran and North Korea Lessons Learned from Unofficial Talks with Nuclear Outliers«, in: *The National Committee on North Korea*, Juni 2017.

Wilson Center Digital Archive, International History Declassified, http://digitalarchive.wilsoncenter.org (abgerufen 4. Oktober 2017).

Wit, Joel S. und Sun Young Ahn, »North Korea's Nuclear Futures, Technology and Strategy«, in: *US-Korea Institute at SAIS* 2015 (www.uskoreainstitute.org).

Woo Jung-yeop und Go Myong-hyun, »In China's Shadow, Exposing North Korea's Overseas Networks«, *The ASAN Institute for Policy Studies*, August 2016.

Yun Sun, »The North Korea Contingency, Why China Will Not Cooperate«, in: *38North*, 25. Juli 2014.